LUDWIG TIECK

DER GESTIEFELTE KATER

KINDERMÄRCHEN IN DREI AKTEN
MIT ZWISCHENSPIELEN, EINEM PROLOGE
UND EPILOGE

HERAUSGEGEBEN VON
HELMUT KREUZER

PHILIPP RECLAM JUN. STUTTGART

Umschlagabbildung: Titelkupfer der Erstausgabe, Berlin 1797.

Universal-Bibliothek Nr. 8916
Alle Rechte vorbehalten
© 1964 Philipp Reclam jun. GmbH & Co., Stuttgart
Durchgesehene und bibliographisch ergänzte Ausgabe 1984
Satz: Maschinensetzerei Baumgarten, Esslingen a. N.
Druck und Bindung: Reclam, Ditzingen
Printed in Germany 1994
RECLAM und UNIVERSAL-BIBLIOTHEK sind eingetragene
Warenzeichen der Philipp Reclam jun. GmbH & Co., Stuttgart
ISBN 3-15-008916-6

PERSONEN

Der König
Die Prinzessin, *seine Tochter*
Prinz Nathanael *von Malsinki*
Leander, *Hofgelehrter*
Hanswurst, *Hofnarr*
Ein Kammerdiener
Der Koch
Lorenz
Barthel } *Brüder und Bauern*
Gottlieb
Hinze, *ein Kater*
Ein Wirt
Kunz
Michel } *Bauern*
Gesetz, *ein Popanz*
Ein Besänftiger
Der Dichter
Ein Soldat
Zwei Husaren
Zwei Liebende
Bediente
Musiker
Ein Bauer
Der Souffleur
Ein Schuhmacher
Ein Historiograph
Fischer
Müller

Bötticher
Leutner
Wiesener
Dessen Nachbar
Elefanten
Löwen
Bären
Ein Amtmann
Adler und andere Vögel
Ein Kaninchen
Rebhühner
Jupiter
Terkaleon
Der Maschinist
Gespenster
Affen
Das Publikum

PROLOG

(Die Szene ist im Parterre, die Lichter sind schon an-
gezündet, die Musiker sind im Orchester versammelt. –
Das Schauspiel ist voll, man schwatzt durcheinander, An-
kommende, u.s.w. Fischer, Müller, Schlosser, Bötticher im
Parterre.)

Fischer. Aber ich bin doch neugierig, – Herr Müller,
was sagen Sie zu dem heutigen Stücke?

Müller. Ich hätte mich[1] eher des Himmels Einfall vermutet, als ein solches Stück auf unserm Theater zu sehn.

Fischer. Kennen Sie das Stück?

Müller. Nicht im mindesten. – Ein wunderlicher Titel
ist es: der gestiefelte Kater. – Ich hoffe doch
nimmermehr, daß man die Kinderpossen wird aufs
Theater bringen.

Schlosser. Ist es denn eine Oper?

Fischer. Nichts weniger, auf dem Komödienzettel
steht: ein Kindermärchen.

Schlosser. Ein Kindermärchen? Aber um Gotteswillen sind wir denn Kinder, daß man uns solche Stücke
aufführen will? Es wird doch wohl nimmermehr ein
ordentlicher Kater aufs Theater kommen?

Fischer. Es ist am Ende eine Nachahmung der neuen
Arkadier[2], so eine Art von Terkaleon[3] –

Müller. Das wäre nun nicht übel, denn ich habe schon
längst gewünscht, eine solche wunderbare Oper einmal
ohne Musik zu sehn.

Fischer. Ohne Musik ist es abgeschmackt, denn, lieber
Freund, über solche Kindereien, über solchen Aberglau-
ben sind wir weg, die Aufklärung hat ihre gehörigen
Früchte getragen.

1. Berolinismus.
2. *Die neuen Arkadier* von Vulpius nach Schikaneders Operntext *Der*
Spiegel von Arkadien (1795), Musik von Franz Süßmeyer.
3. Anspielung auf den „bösen Genius" in den *Neuen Arkadiern*.

Müller. Am Ende ist es ein ordentliches Familien-
gemälde⁴, und es ist nur so ein Spaß, gleichsam ein
Scherz mit dem Kater; eine Veranlassung, wenn ich so
sagen darf.

Schlosser. Wenn ich meine rechte Meinung sagen soll,
so halt' ich das Ganze für einen Pfiff, Gesinnungen,
Winke unter die Leute zu bringen. Ihr werdet sehn,
ob ich nicht Recht habe. Ein Revolutionsstück, so viel
ich begreife.

Fischer. Das glaub' ich auch, denn sonst würde ja der
Geschmack abscheulich vor den Kopf gestoßen. Ich
muß wenigstens gestehn, daß ich nie an Hexen oder
Gespenster habe glauben können, viel weniger an den
gestiefelten Kater.

Schlosser. Es ist das Zeitalter für diese Phantome
nicht mehr. – Da kömmt ja Leutner, der wird uns
vielleicht mehr sagen können.

(Leutner drängt sich durch.)

Leutner. Guten Abend, guten Abend! Nun, wie geht's?

Müller. Sagen Sie uns nur, wie es mit dem heutigen
Stücke beschaffen ist.

(Die Musik fängt an.)

Leutner. Schon so spät? Da komm' ich ja grade zur
rechten Zeit. – Mit dem Stücke? Ich habe so eben den
Dichter gesprochen, er ist auf dem Theater und hilft
den Kater anziehn.

Viele Stimmen. Hilft? – der Dichter? – den Kater? –
Also kommt doch ein Kater vor?

Leutner. Ja freilich, und er steht ja auch auf dem
Zettel.

Fischer. Wer spielt ihn denn?

Leutner. Je, der fremde Akteur⁵, der große Mann.

Müller. In der Tat? – Aber wie kann man denn solch
Zeug spielen?

Leutner. Der Dichter meint, zur Abwechselung, –

Fischer. Eine schöne Abwechselung, – warum nicht

4. Gattung der zeitgenössischen Modeliteratur; Hauptvertreter Iffland und Kotzebue.

5. Iffland, der 1796 nach Berlin kam und zunächst als Gast auf-
trat.

auch den Blaubart[6] und Prinz Kobold[7]? – Ei! der vortrefflichen Sujets fürs Drama!

M ü l l e r. Wie werden sie aber den Kater anziehn? – und ob er denn wirkliche Stiefeln trägt?

L e u t n e r. Ich bin eben so begierig wie Sie alle.

F i s c h e r. Aber wollen wir uns denn wirklich solch Zeug vorspielen lassen? Wir sind zwar aus Neugier hergekommen, aber wir haben doch Geschmack.

M ü l l e r. Ich habe große Lust zu pochen.

L e u t n e r. Es ist überdies etwas kalt. – Ich mache den Anfang. *(Er trommelt, die übrigen akkompagnieren.)*

W i e s e n e r *(auf der andern Seite)*. Weswegen wird denn gepocht?

L e u t n e r. Den guten Geschmack zu retten.

W i e s e n e r. Nun, da will ich auch nicht der Letzte sein. *(Er trommelt.)*

S t i m m e n. Still, man kann ja die Musik nicht hören. *(Alles trommelt.)*

S c h l o s s e r. Aber man sollte doch das Stück erst zu Ende spielen lassen, denn man hat doch immer auf jeden Fall sein Geld gegeben, hernach wollen wir pochen, daß man es vor der Tür hört.

A l l e. Nein. Jetzt, jetzt, – der Geschmack, – die Regeln, – die Kunst, – alles geht sonst zu Grunde.

E i n L a m p e n p u t z e r. Meine Herren, soll man die Wache herein schicken?

L e u t n e r. Wir haben bezahlt, wir machen das Publikum aus, und darum wollen wir auch unsern eignen guten Geschmack haben und keine Possen.

D e r D i c h t e r *(hinter dem Theater)*. Das Stück wird sogleich seinen Anfang nehmen.

M ü l l e r. Kein Stück, – wir wollen kein Stück, – wir wollen guten Geschmack –

A l l e. Geschmack! Geschmack!

D e r D i c h t e r. Ich bin in Verlegenheit, – was meinen Sie, wenn ich fragen darf?

6. Anspielung auf Tiecks *Ritter Blaubart* (nach Perrault), 1797 im 1. Band der *Volksmärchen* erschienen.

7. Anspielung auf *Le prince lutin* der Contesse d'Aulnoy (deutsch 1790).

S c h l o s s e r. Geschmack! – Sind Sie ein Dichter, und
   wissen nicht einmal was Geschmack ist?
D e r   D i c h t e r. Bedenken Sie einen jungen Anfänger –
S c h l o s s e r. Wir wollen nichts vom Anfänger wissen, –
   wir wollen ein ordentliches Stück sehn, – ein ge-
   schmackvolles Stück!
D e r   D i c h t e r. Von welcher Sorte? Von welcher Farbe?
M ü l l e r. Familiengeschichten, – Entführungen, – Ge-
   schwister vom Lande[8], – so etwas.
   (Der Dichter kömmt hinter dem Vorhange hervor.)
D e r   D i c h t e r. Meine Herren –
A l l e. Ist das der Dichter?
F i s c h e r. Er sieht wenig wie ein Dichter aus.
S c h l o s s e r. Naseweis.
M ü l l e r. Er hat nicht einmal abgeschnittene Haare[9] –
D e r   D i c h t e r. Meine Herren, – verzeihen Sie meine
   Keckheit –
F i s c h e r. Wie können Sie solche Stücke schreiben? War-
   um haben Sie sich nicht gebildet?
D e r   D i c h t e r. Vergönnen Sie mir nur eine Minute Ge-
   hör, ehe Sie mich verdammen. Ich weiß, daß ein ver-
   ehrungswürdiges Publikum den Dichter richten muß,
   daß von Ihnen keine Appellation statt findet, aber ich
   kenne die Gerechtigkeitsliebe eines verehrungswürdi-
   gen Publikums, daß es mich nicht von einer Bahn zu-
   rückschrecken wird, wo ich seiner gütigen Leitung so
   sehr bedarf.
F i s c h e r. Er spricht nicht übel.
M ü l l e r. Er ist höflicher, als ich dachte.
S c h l o s s e r. Er hat doch Respekt vor dem Publikum.
D e r   D i c h t e r. Ich schäme mich, die Eingebung meiner
   Muse so erleuchteten Richtern vorzuführen, und nur
   die Kunst unsrer Schauspieler tröstet mich noch einigermaßen, sonst würde ich ohne weitere Umstände in Ver-
   zweiflung versinken.
F i s c h e r. Er dauert mich.

8. *Die Entführung* und *Geschwister vom Lande* sind Lustspiele
von J. F. Jünger (1759–97), die seit 1791 und 1792 in Berlin gespielt
wurden.
9. Zeitgenössische Intellektuellenfrisur, im Kontrast zum Zopf.

Müller. Ein guter Kerl!

Der Dichter. Als ich Dero Pochen vernahm, – noch
nie hat mich etwas dermaßen erschreckt, ich bin noch
bleich und zittre, und begreife selbst nicht, wie ich zu
der Kühnheit komme, so vor Ihnen zu erscheinen.

Leutner. So klatscht doch!

(Alle klatschen.)

Der Dichter. Ich wollte einen Versuch machen, durch
Laune, wenn sie mir gelungen ist, durch Heiterkeit,
durch wirkliche Possen zu belustigen, da uns unsre
neuesten Stücke so selten zum Lachen Gelegenheit
geben.

Müller. Das ist auch wahr!

Leutner. Er hat Recht, – der Mann.

Schlosser. Bravo! bravo!

Alle. Bravo! bravo! *(Sie klatschen.)*

Der Dichter. Mögen Sie, Verehrungswürdige, jetzt
entscheiden, ob mein Versuch nicht ganz zu verwerfen
sei, – mit Zittern zieh' ich mich zurück und das Stück
wird seinen Anfang nehmen. *(Er verbeugt sich sehr
ehrerbietig und geht hinter den Vorhang.)*

Alle. Bravo! bravo!

Stimme von der Galerie. Da Capo! – *(Alles lacht.
Die Musik fängt wieder an, indem geht der Vorhang
auf.)*

ERSTER AKT

*(Kleine Bauernstube. Lorenz. Barthel. Gottlieb. – Der
Kater Hinz liegt auf einem Schemel am Ofen.)*

Lorenz. Ich glaube, daß nach dem Ableben unsers
Vaters unser kleines Vermögen sich bald wird einteilen
lassen. Ihr wißt, daß der selige Mann nur drei Stücke
von Belang zurückgelassen hat, ein Pferd, einen Ochsen und jenen Kater dort. Ich, als der Älteste, nehme
das Pferd, Barthel, der nächste nach mir, bekömmt
den Ochsen, und so bleibt denn natürlicherweise für
unsern jüngsten Bruder der Kater übrig.

Leutner *(im Parterre).* Um Gotteswillen! hat man
schon eine solche Exposition gesehn! Man sehe doch,
wie tief die dramatische Kunst gesunken ist!

Müller. Aber ich habe doch alles recht gut verstanden.

Leutner. Das ist ja eben der Fehler, man muß es dem
Zuschauer so verstohlnerweise unter den Fuß geben,
aber nicht so gradezu in den Bart werfen.

Müller. Aber man weiß doch nun, woran man ist.

Leutner. Das muß man ja aber nicht so geschwinde
wissen; daß man so nach und nach hineinkömmt, ist
ja eben der beste Spaß.

Barthel. Ich glaube, Bruder Gottlieb, Du wirst auch
mit der Einteilung zufrieden sein, Du bist leider der
Jüngste, und da mußt Du uns einige Vorrechte lassen.

Gottlieb. Freilich wohl.

Schlosser. Aber, warum mischt sich denn das Pupil-
lenkollegium[10] nicht in die Erbschaft? Welche Unwahr-
scheinlichkeiten!

Lorenz. So wollen wir denn nun gehn, lieber Gottlieb,
lebe wohl, laß Dir die Zeit nicht lang werden.

Gottlieb. Adieu.
            (Die Brüder gehn ab.)

Gottlieb *(allein. Monolog).* Sie gehn fort – und ich
bin allein. – Wir haben alle drei unsre Wohnungen,
Lorenz kann mit seinem Pferde doch den Acker be-
bauen, Barthel kann seinen Ochsen schlachten und ein-
salzen, und eine Zeitlang davon leben, – aber was soll
ich armer Unglückseliger mit meinem Kater anfangen?
– Höchstens kann ich mir aus seinem Felle für den
Winter einen Muff machen lassen, aber ich glaube, er
ist jetzt noch dazu in der Rauhe. – Da liegt er und
schläft ganz geruhig, – armer Hinze! wir werden uns
bald trennen müssen. Es tut mir leid, ich habe ihn auf-
erzogen, ich kenne ihn, wie mich selber, – aber er wird
dran glauben müssen, ich kann mir nicht helfen, ich
muß ihn wahrhaftig verkaufen. – Er sieht mich an, als
wenn er mich verstände, es fehlt wenig, so fang' ich an
zu weinen. *(Er geht in Gedanken auf und ab.)*

10. Vormundschaftsgericht.

Müller. Nun, seht Ihr wohl, daß es ein rührendes Familiengemälde wird? Der Bauer ist arm und ohne Geld, er wird nun in der äußersten Not sein treues Haustier verkaufen, an irgend ein empfindsames Fräulein, und dadurch wird am Ende sein Glück gegründet werden. – Es ist vielleicht eine Nachahmung vom Papagei von Kotzebue, aus dem Vogel ist hier eine Katze gemacht, und das Stück findet sich von selbst.

Fischer. Nun es so kömmt, bin ich auch zufrieden.

Hinze, der Kater *(richtet sich auf, dehnt sich, macht einen hohen Buckel, gähnt und spricht dann:)* – Mein lieber Gottlieb, – ich habe ein ordentliches Mitleid mit Euch.

Gottlieb *(erstaunt).* Wie, Kater, Du sprichst?

Die Kunstrichter *(im Parterre).* – Der Kater spricht? – Was ist denn das?

Fischer. Unmöglich kann ich da in eine vernünftige Illusion hineinkommen.

Müller. Eh' ich mich so täuschen lasse, will ich lieber zeitlebens kein Stück wieder sehn.

Hinze. Warum soll ich nicht sprechen können, Gottlieb?

Gottlieb. Ich hätt' es nicht vermutet, ich habe zeitlebens noch keine Katze sprechen hören.

Hinze. Ihr meint, weil wir nicht immer in alles mitreden, wären wir gar Hunde.

Gottlieb. Ich denke, Ihr seid bloß dazu da, Mäuse zu fangen.

Hinze. Wenn wir nicht im Umgang mit den Menschen eine gewisse Verachtung gegen die Sprache bekämen, so könnten wir alle sprechen.

Gottlieb. Nun, das gesteh' ich! – Aber warum laßt Ihr Euch denn so gar nichts merken?

Hinze. Um uns keine Verantwortungen zuzuziehn, denn wenn uns sogenannten Tieren noch erst die Sprache angeprügelt würde, so wäre gar keine Freude mehr auf der Welt. Was muß der Hund nicht alles tun und lernen! Das Pferd! es sind dumme Tiere, daß sie sich ihren Verstand merken lassen, sie müssen ihrer Eitelkeit durchaus nachgeben, wir Katzen sind noch immer das freieste Geschlecht, weil wir uns bei aller unsrer Geschicklichkeit so ungeschickt anzustellen wissen, daß es der Mensch ganz aufgibt, uns zu erziehn.

Gottlieb. Aber warum entdeckst Du mir das alles?

Hinze. Weil Ihr ein guter, ein edler Mann seid, einer von den wenigen, die keinen Gefallen an Dienstbarkeit und Sklaverei finden, seht, darum entdecke ich mich Euch ganz und gar.

Gottlieb *(reicht ihm die Hand)*. Braver Freund!

Hinze. Die Menschen stehn in dem Irrtume, daß an uns jenes instinktmäßige Murren, das aus einem gewissen Wohlbehagen entsteht, das einzige Merkwürdige sei, sie streicheln uns daher oft auf eine ungeschickte Weise und wir spinnen dann gewöhnlich nur, um uns vor Schlägen zu sichern. Wüßten sie aber mit uns auf die wahre Art umzugehn, glaube mir, sie würden unsre gute Natur zu allem gewöhnen, und Michel, der Kater bei Eurem Nachbar, läßt es sich sogar zuweilen gefallen, für den König durch einen Tonnenband[11] zu springen.

Gottlieb. Da hast Du recht.

Hinze. Ich liebe Euch, Gottlieb, ganz vorzüglich. Ihr habt mich nie gegen den Strich gestreichelt, Ihr habt mich schlafen lassen, wenn es mir recht war, Ihr habt Euch widersetzt, wenn Eure Brüder mich manchmal aufnehmen wollten, um mir ins Dunkle zu gehn, und die sogenannten elektrischen Funken zu beobachten, – für alles dieses will ich nun dankbar sein.

Gottlieb. Edelmütiger Hinze! Ha, mit welchem Unrechte wird von Euch schlecht und verächtlich gesprochen, Eure Treue und Anhänglichkeit bezweifelt! Die Augen gehn mir auf, – welchen Zuwachs von Menschenkenntnis bekomme ich so unerwartet!

Fischer. Freunde, wo ist unsre Hoffnung zu einem Familiengemälde geblieben?

Leutner. Es ist doch fast zu toll.

Schlosser. Ich bin wie im Traum.

Hinze. Ihr seid ein braver Mann, Gottlieb, – aber

---

11. Faßreifen.

nehmt's mir nicht übel, Ihr seid etwas eingeschränkt, borniert, keiner der besten Köpfe, wenn ich frei heraussprechen soll.

Gottlieb. Ach Gott, nein.

Hinze. Ihr wißt zum Beispiel jetzt nicht, was Ihr anfangen wollt.

Gottlieb. Du hast ganz meine Gedanken.

Hinze. Wenn Ihr Euch auch einen Muff aus meinem Pelze machen ließet, –

Gottlieb. Nimm's nicht übel, Kamerad, daß mir das vorher nur so durch den Kopf fuhr.

Hinze. Ach nein, es war ein ganz menschlicher Gedanke. – Wißt Ihr kein Mittel, Euch durchzubringen?

Gottlieb. Kein einziges!

Hinze. Ihr könntet mit mir herumziehn und mich für Geld sehen lassen, – aber das ist immer keine sichere Lebensart.

Gottlieb. Nein.

Hinze. Ihr könntet ein Journal herausgeben, oder eine deutsche Zeitung, mit dem Motto: Homo sum[12], – oder einen Roman, ich wollte Euer Mitarbeiter sein, – aber das ist zu umständlich.

Gottlieb. Ja.

Hinze. Nun, ich will schon noch besser für Euch sorgen, – verlaßt Euch drauf, daß Ihr durch mich noch ganz glücklich werden sollt.

Gottlieb. O bester, edelmütigster Mann. (*Er umarmt ihn zärtlich.*)

Hinze. Aber Ihr müßt mir auch trauen.

Gottlieb. Vollkommen, ich kenne ja jetzt Dein redliches Gemüt.

Hinze. Nun, so tut mir den Gefallen und holt mir sogleich den Schuhmacher, daß er mir ein Paar Stiefeln anmesse.

Gottlieb. Den Schuhmacher? – Stiefeln?

Hinze. Ihr wundert Euch, aber bei dem, was ich für

---

12. Vielzitierter Vers des Terenz (*Heautontimorumenos*): Homo sum; humani nil a me alienum puto (Ich bin ein Mensch; nichts Menschliches erachte ich mir fremd).

Euch zu tun gesonnen bin, habe ich so viel zu gehn
und zu laufen, daß ich notwendig Stiefeln tragen muß.

Gottlieb. Aber warum nicht Schuh'?

Hinze. Gottlieb, Ihr versteht das Ding nicht, ich muß
dadurch ein Ansehn bekommen, ein imponierendes
Wesen, kurz eine gewisse Männlichkeit, die man in
Schuhen zeitlebens nicht hat.

Gottlieb. Nun, wie Du meinst, – aber der Schuster
wird sich wundern.

Hinze. Gar nicht, man muß nur nicht tun, als wenn es
etwas Besonders wäre, daß ich Stiefeln tragen will;
man gewöhnt sich an alles.

Gottlieb. Ja wohl, ist mir doch der Diskurs mit Dir
ordentlich ganz geläufig geworden. – Aber noch eins,
da wir jetzt so gute Freunde geworden sind, so nenne
mich doch auch D u; warum willst Du noch Komseite-
mente mit mir machen?

Hinze. Wie Du willst.

Gottlieb. Da geht grade der Schuhmacher vorbei; –
he! pst! Herr Gevatter Leichdorn[13]! will Er wohl einen
Augenblick bei mir einsprechen?

     (Der Schuhmacher kömmt herein.)

Schuhmacher. Prosit! – Was gibt's Neues?

Gottlieb. Ich habe lange keine Arbeit bei Ihm bestellt –

Schuhmacher. Nein, Herr Gevatter, ich habe jetzt
überhaupt gar wenig zu tun.

Gottlieb. Ich möchte mir wohl wieder ein Paar Stiefeln machen lassen –

Schuhmacher. Setz Er sich nur nieder, das Maß hab'
ich bei mir.

Gottlieb. Nicht für mich, sondern für meinen jungen
Freund da.

Schuhmacher. Für den da? – Gut.

Hinze *(setzt sich auf einen Stuhl nieder und hält das
rechte Bein hin)*.

Schuhmacher. Wie beliebt Er denn, Musje?

Hinze. Erstlich, gute Sohlen, dann braune Klappen
und vor allen Dingen steif.

---

13. Hühnerauge.

Schuhmacher. Gut. – *(Er nimmt Maß.)* Will Er nicht
so gut sein, – die Krallen, – oder Nägel etwas einzu-
ziehn, ich hab' mich schon gerissen. – *(Er nimmt Maß.)*

Hinze. Und schnell müssen sie fertig werden. *(Da ihm
das Bein gestreichelt wird, fängt er wider Willen an
zu spinnen.)*

Schuhmacher. Der Musje ist recht vergnügt.

Gottlieb. Ja, es ist ein aufgeräumter Kopf, er ist erst
von der Schule gekommen, was man so einen Vokati-
vus[14] nennt.

Schuhmacher. Na, adies. *(Ab.)*

Gottlieb. Willst Du Dir nicht etwa auch den Bart
scheren lassen?

Hinze. Bei Leibe nicht, ich sehe so weit ehrwürdiger
aus, und Du weißt ja wohl daß die Katzen nachher
gleich unmännlich werden. Ein Kater ohne Bart ist nur
ein verächtliches Geschöpf.

Gottlieb. Wenn ich nur wüßte, was Du vorhast!

Hinze. Du wirst es schon gewahr werden, – jetzt will
ich noch ein wenig auf den Dächern spazieren gehn, es
ist da oben eine hübsche freie Aussicht, und man er-
wischt auch wohl eine Taube.

Gottlieb. Als guter Freund will ich Dich warnen, daß
Du Dich nicht dabei ergreifen lässest –

Hinze. Sei unbesorgt, ich bin kein Neuling. – Adieu
unterdessen. *(Er geht ab.)*

Gottlieb *(allein)*. In der Naturgeschichte steht immer,
daß man den Katzen nicht trauen könne, und daß sie
zum Löwengeschlechte gehören, und ich habe vor einem
Löwen eine gar erbärmliche Furcht. Wenn der Kater
nun kein Gewissen hätte, so könnte er mir mit den
Stiefeln nachher davon laufen, für die ich nun mein
letztes Geld hingeben muß, und sie irgendwo vertrö-
deln, oder er könnte sich beim Schuhmacher dadurch
beliebt machen wollen, und nachher bei ihm in Dienste
treten. – Aber der hat ja schon einen Kater. – Nein,
Hinz, meine Brüder haben mich betrogen, und nun
will ich es einmal mit Dir versuchen. Er sprach so edel,

14. Schalk, loser Vogel.

er war so gerührt – da sitzt er drüben auf dem Dache
und putzt sich den Bart, – vergib mir, erhabner Freund,
daß ich an Deinem Großsinn nur einen Augenblick
zweifeln konnte. *(Er geht ab.)*

Fischer. Welcher Unsinn!

Müller. Warum der Kater nur die Stiefeln braucht, um
besser gehn zu können? – Dummes Zeug!

Schlosser. Es ist aber, als wenn ich einen Kater vor
mir sehe.

Leutner. Still, es wird verwandelt!

(Saal im königlichen Palast. Der König mit Krone und
Zepter. Die Prinzessin, seine Tochter.)

König. Schon tausend schöne Prinzen, wertgeschätzte
Tochter, haben sich um Dich beworben und Dir ihre
Königreiche zu Füßen gelegt, aber Du hast ihrer immer
nicht geachtet. Sage uns die Ursache davon, mein
Kleinod.

Prinzessin. Mein allergnädigster Herr Vater, ich habe
immer geglaubt, daß mein Herz erst einige Empfindungen zeigen müsse, ehe ich meinen Nacken in das
Joch des Ehestandes beugte. Denn eine Ehe ohne Liebe,
sagt man, ist die wahre Hölle auf Erden.

König. Recht so, meine liebe Tochter. Ach, wohl, wohl
hast Du da ein wahres Wort gesagt: eine Hölle auf
Erden! Ach, wenn ich doch nicht darüber mitsprechen
könnte! wär' ich doch lieber unwissend geblieben! aber
so, teures Kleinod, kann ich ein Liedchen davon singen,
wie man zu sagen pflegt. Deine Mutter, meine höchst-
selige Gemahlin, – ach, Prinzessin, sieh, die Tränen
stehn mir noch auf meinen alten Tagen in den Augen, –
sie war eine gute Fürstin, sie trug die Krone mit einer
unbeschreiblichen Majestät, – aber mir hat sie gar
wenig Ruhe gelassen, – nun, sanft ruhe ihre Asche bei
ihren fürstlichen Anverwandten.

Prinzessin. Ihro Majestät erhitzen sich zu sehr.

König. Wenn mir die Erinnerung davon zurückkömmt,
– o mein Kind, auf meinen Knien möcht' ich Dich be-
schwören, – nimm Dich beim Verheiraten ja in Acht. –
Es ist eine große Wahrheit, daß man Leinewand und

einen Bräutigam nicht bei Lichte kaufen müsse; eine
Wahrheit, die in allen Büchern stehen sollte. – Was
hab' ich gelitten! Kein Tag verging ohne Zank, ich
konnte nicht in Ruhe schlafen, ich konnte die Regie-
rungsgeschäfte nicht ruhig abmachen, ich konnte über
nichts denken, ich konnte kein Buch lesen, – immer
wurd' ich unterbrochen. – Und doch sehnt sich mein
Geist, verewigte Klotilde[15], jetzt zuweilen nach Dir
zurück, – es beißt mir in den Augen, – ich bin ein rechter alter Narr.

Prinzessin *(zärtlich).* Mein Vater.

König. Ich zittre, wenn ich an die Gefahren denke, die
Dir bevorstehn, denn wenn Du Dich nun auch ver-
liebst, meine Tochter, – ach! Du solltest nur sehn, wie
dicke Bücher weise Männer darüber voll geschrieben
haben, – sieh, so kann Dich eben Deine Leidenschaft
wieder elend machen. Das glücklichste, das seligste Ge-
fühl kann uns zu Grunde richten, die Liebe ist gleichsam ein künstlicher Vexierbecher, statt Nektar trinken
wir oft Gift, dann ist unser Lager von Tränen naß, alle
Hoffnung, aller Trost ist dahin. – *(Man hört blasen.)*
Es ist doch noch nicht Tischzeit? – Gewiß wieder ein
neuer Prinz, der sich in Dich verlieben will. – Hüte
Dich, meine Tochter, Du bist mein einziges Kind, und
Du glaubst nicht, wie sehr mir Dein Glück am Herzen
liegt. *(Er küßt sie und geht ab, im Parterre wird geklatscht.)*

Fischer. Das ist doch einmal eine Szene, in der ge-
sunder Menschenverstand anzutreffen ist.

Schlosser. Ich bin auch gerührt.

Müller. Es ist ein trefflicher Fürst.

Fischer. Mit der Krone brauchte er nun grade nicht
aufzutreten.

Schlosser. Es stört die Teilnahme ganz, die man für
ihn als zärtlichen Vater hat.

Die Prinzessin *(allein).* Ich begreife gar nicht, warum
noch keiner von den Prinzen mein Herz mit Liebe gerührt hat. Die Warnungen meines Vaters liegen mir

15. Anspielung auf Jean Pauls Klotilde im *Hesperus* (1795).

immer im Gedächtnis, er ist ein großer Fürst und dabei
doch ein guter Vater, mein Glück steht ihm beständig
vor Augen: wenn ihn nur nicht der Jachzorn oft so
plötzlich überraschte! Aber so ist Glück immer mit
Unglück gepaart. Meine Freude sind die Wissenschaf-
ten und die Künste, Bücher machen all mein Glück aus.
(Die Prinzessin. Leander, der Hofgelehrte.)

Leander. Nun, Ihro Königliche Hoheit? – *(Sie setzen
sich.)*

Prinzessin. Hier, Herr Leander, ist mein Versuch, –
ich hab' es Nachtgedanken[16] überschrieben.

Leander *(liest).* Trefflich! geistreich! – Ah! mir ist, als
hör' ich die mitternächtliche Stunde zwölfe schlagen.
Wenn[17] haben Sie das geschrieben?

Prinzessin. Gestern Mittag nach dem Essen.

Leander. Schön gedacht! Wahrlich schön gedacht! – Aber
mit gnädigster Erlaubnis: – „Der Mond scheint betrübt
in der Welt herein," – wenn Sie es nicht ungnädig ver-
merken wollen, so muß es heißen: in die Welt.

Prinzessin. Schon gut, ich will es mir für die Zukunft
merken, es ist einfältig, daß einem das Dichten so
schwer gemacht wird, man kann nicht fünf bis sechs
Reihen schreiben, ohne einen Fehler zu machen.

Leander. Das ist so der Eigensinn der Sprache.

Prinzessin. Sind die Gefühle nicht zart und fein ge-
halten?

Leander. Unbeschreiblich, man begreift kaum, wie ein
weibisches Gehirn so etwas hat niederschreiben können.

Prinzessin. Jetzt will ich mich nun an den Mond-
scheinsnaturszenen[18] versuchen. – Meinen Sie nicht auch?

Leander. Sie kommen notwendig immer weiter, Sie
steigen immer höher.

Prinzessin. Ich habe auch ein Stück angefangen: der
unglückliche Menschenhasser, oder: ver-

---

16. Anspielung auf *Night Thoughts* von Edward Young (1742–45;
deutsch 1751).

17. Schreibweise des jungen Tieck.

18. Anspielung auf J. M. Millers berühmten *Siegwart* (Eine Klo-
stergeschichte, 1776), den Tieck auch im *Peter Lebrecht* I parodiert
(Schr. XIV).

lorne Ruhe und wiedererworbene Un-
schuld[19]!
Leander. Schon der bloße Titel ist bezaubernd.
Prinzessin. Und dann fühle ich einen unbegreiflichen
Drang in mir, irgend eine gräßliche Geistergeschichte[20]
zu schreiben. – Wie gesagt, wenn nur die Sprachfehler
nicht wären!
Leander. Kehren Sie sich daran nicht, Unvergleich-
liche! die lassen sich leicht herausstreichen.
(Kammerdiener tritt auf.)
Kammerdiener. Der Prinz von Malsinki[21], der
eben angekommen ist, will Ew. Königlichen Hoheit
seine Aufwartung machen. *(Ab.)*
Leander. Ich empfehle mich. *(Geht ab.)*
(Prinz Nathanael von Malsinki. Der König.)
König. Hier, Prinz, ist meine Tochter, ein junges ein-
fältiges Ding, wie Sie sie da vor sich sehn. – *(Beiseite.)*
Artig, meine Tochter, höflich, er ist ein angesehener
Prinz, weit her, sein Land steht gar nicht einmal auf
meiner Landkarte, ich habe schon nachgesehn: ich habe
einen erstaunlichen Respekt vor ihm.
Prinzessin. Ich freue mich, daß ich das Vergnügen
habe, Sie kennen zu lernen.
Nathanael. Schöne Prinzessin, der Ruf Ihrer Schönheit hat so sehr die ganze Welt durchdrungen, daß ich
aus einem weit entlegenen Winkel hieher komme, um
das Glück zu haben, Sie von Angesicht zu Angesicht
zu sehn.
König. Es ist doch erstaunlich, wie viele Länder und
Königreiche es gibt! Sie glauben nicht, wie viel tausend

19. Verspottung der Doppeltitel-Mode; Anspielung auf Kotzebues
Menschenhaß und Reue (1789).
20. Gattung der Modeliteratur, zu der auch der junge Tieck und
sein Lehrer Rambach beigetragen haben. Hauptvertreter: C. H. Spieß,
dessen Sprachfehler die Kritik vergeblich hervorhob.
21. Der fremde Prinz gilt als Anspielung auf Kotzebues Exotismus,
soll jedoch angeblich auch auf den Zaren gemünzt sein (wie der König
auf Friedrich Wilhelm II., die Prinzessin auf die Gräfin Lichtenau, Leander auf Aloys Hirt. Vgl. *Revue Germanique* V, S. 158 ff., und Zeydel,
S. 88).

Kronprinzen schon hier gewesen sind, sich um meine
Tochter zu bewerben, zu Dutzenden kommen sie
manchmal an, besonders wenn das Wetter schön ist, –
und Sie kommen nun gar – verzeihen Sie, die Topo-
graphie ist eine gar weitläufige Wissenschaft, – in welcher Gegend liegt Ihr Land?

Nathanael. Mächtiger König, wenn Sie von hier aus-
reisen, erst die große Chaussee hinunter, dann schlagen
Sie sich rechts und immer fort so, wenn Sie aber an
einen Berg kommen, dann wieder links, dann geht man
zur See und fährt immer nördlich (wenn es der Wind
nämlich zugibt) und so kömmt man, wenn die Reise
glücklich geht, in anderthalb Jahren in meinem Reiche
an.

König. Der Tausend! das muß ich mir von meinem
Hofgelehrten deutlich machen lassen. – Sie sind wohl
vielleicht ein Nachbar vom Nordpol, oder Zodiakus[22],
oder dergleichen?

Nathanael. Daß ich nicht wüßte.

König. Vielleicht so nach den Wilden zu?

Nathanael. Ich bitte um Verzeihung, alle meine
Untertanen sind sehr zahm.

König. Aber Sie müssen doch verhenkert weit wohnen.
Ich kann mich immer noch nicht daraus finden.

Nathanael. Man hat noch keine genaue Geographie
von meinem Lande, ich hoffe täglich mehr zu entdek-
ken, und so kann es leicht kommen, daß wir am Ende
noch Nachbarn werden.

König. Das wäre vortrefflich! Und wenn am Ende uns
noch ein paar Länder im Wege stehn, so helfe ich Ihnen
mit entdecken. Mein Nachbar ist so nicht mein guter
Freund und er hat ein vortreffliches Land, alle Rosinen
kommen von dort her, das möcht' ich gar zu gerne
haben – Aber noch eins, sagen Sie nur, da Sie so weit
weg wohnen, wie Sie unsre Sprache so geläufig sprechen können?

Nathanael. Still!

König. Wie?

22. Der Tierkreis.

Nathanael. Still! still!

König. Ich versteh' nicht.

Nathanael *(leise zu ihm)*. Sein Sie doch ja damit ruhig, denn sonst merkt es ja am Ende das Publikum da unten, daß das eben sehr unnatürlich ist.

König. Schadet nichts, es hat vorher geklatscht und da kann ich ihm schon etwas bieten.

Nathanael. Sehn Sie, es geschieht ja bloß dem Drama zu Gefallen, daß ich Ihre Sprache rede, denn sonst ist es allerdings unbegreiflich.

König. Ah so! – Nun kommen Sie, Prinz, der Tisch ist gedeckt! *(Der Prinz führt die Prinzessin ab, der König geht voran.)*

Fischer. Verfluchte Unnatürlichkeiten sind da in dem Stück!

Schlosser. Und der König bleibt seinem Charakter gar nicht getreu.

Leutner. Man sollte doch immer nur die Natur auf dem Theater darstellen; der Prinz müßte eine ganz fremde Sprache reden und einen Dolmetscher bei sich haben, die Prinzessin müßte Sprachfehler machen, da sie selber gesteht, daß sie unrichtig schreibt.

Müller. Freilich! freilich! – Das Ganze ist ausgemacht dummes Zeug, der Dichter vergißt immer selber, was er den Augenblick vorher gesagt hat.

(Die Szene ist vor einem Wirtshause. Lorenz, Kunz, Michel sitzen auf einer Bank. Der Wirt.)

Lorenz. Ich werde bald wieder gehn müssen, ich habe noch einen weiten Weg bis nach Hause.

Wirt. Ihr seid ein Untertan des Königs.

Lorenz. Ja wohl, – wie nennt Ihr Euren Fürsten?

Wirt. Man nennt ihn nur Popanz.

Lorenz. Das ist ein närrischer Titel. Hat er denn sonst keinen Namen?

Wirt. Wenn er die Edikte ausgehn läßt, so heißt es immer: Zum Besten des Publikums verlangt das Gesetz, – ich glaube daher, das ist sein eigentlicher Name, alle Bittschriften werden auch immer beim Gesetze eingereicht. Es ist ein furchtbarer Mann.

Lorenz. Ich stehe doch lieber unter einem König, ein König ist doch vornehmer. Man sagt, der Popanz sei ein sehr ungnädiger Herr.

Wirt. Gnädig ist er nicht besonders, das ist nun wohl wahr, dafür ist er aber auch die Gerechtigkeit selbst. Von auswärts sogar werden ihm oft Prozesse zugeschickt, und er muß sie schlichten.

Lorenz. Man erzählt wunderliche Sachen von ihm, er soll sich in alle Tiere verwandeln können.

Wirt. Es ist wahr, und so geht er oft inkognito umher, und erforscht die Gesinnungen seiner Untertanen; wir trauen daher auch keiner Katze, keinem fremden Hunde, oder Pferde, weil wir immer denken, der Fürst könnte wohl dahinter stecken.

Lorenz. Da sind wir doch auch besser dran, unser König geht nie aus, ohne Krone, Mantel und Zepter anzuziehn, man kennt ihn daher auch auf dreihundert Schritt. – Nun, gehabt Euch wohl. *(Geht ab.)*

Wirt. Nun ist er schon in seinem Lande.

Kunz. Ist die Grenze so nah?

Wirt. Freilich, jener Baum gehört schon dem König, man kann hier schon alles sehn, was in seinem Lande vorfällt; die Grenze hier macht noch mein Glück, ich wäre schon längst bankerott geworden, wenn mich nicht noch die Deserteure von drüben erhalten hätten; fast täglich kommen etliche.

Michel. Ist der Dienst so schwer?

Wirt. Das nicht, aber das Weglaufen ist so leicht, und bloß, weil es sehr scharf verboten ist, kriegen die Kerls so außerordentliche Lust zum Desertieren. – Seht, ich wette, daß da wieder einer kömmt!

(Ein Soldat kömmt gelaufen.)

Soldat. Eine Kanne Bier, Herr Wirt! geschwind!

Wirt. Wer seid Ihr?

Soldat. Ein Deserteur.

Michel. Vielleicht gar aus Kindesliebe[23], der arme Mensch, nehmt Euch doch seiner an, Herr Wirt.

---

23. *Der Deserteur aus Kindesliebe*, Schauspiel von G. Stephanie d. J. (1773), 1796 in Berlin aufgeführt.

Wirt. Je, wenn er Geld hat, soll's am Bier nicht fehlen.
(Geht ins Haus.)
(Zwei Husaren kommen geritten und steigen ab.)

Erster Husar. Nu, Gottlob, daß wir so weit sind. –
Prosit, Nachbar.

Soldat. Hier ist die Grenze.

Zweiter Husar. Ja, dem Himmel sei Dank. – Haben
wir des Kerls wegen nicht reiten müssen. – Bier! Herr
Wirt.

Wirt *(mit mehreren Gläsern)*. Hier, meine Herrn, ein
schöner frischer Trunk, Sie sind alle Drei recht warm.

Erster Husar. Hier, Halunke! auf Deine Gesund-
heit!

Soldat. Danke schönstens, ich will Euch die Pferde
unterweilen halten.

Zweiter Husar. Der Kerl kann laufen! es ist nur
gut, daß die Grenze immer nicht so gar weit ist, denn
sonst wäre das ein Hundedienst.

Erster Husar. Nun, wir müssen wohl wieder zurück.
Adieu, Deserteur! viel Glück auf den Weg! – *(Sie steigen wieder auf und reiten davon.)*

Wirt. Werdet Ihr hier bleiben?

Soldat. Nein, ich will fort, ich muß mich ja beim benachbarten Herzog wieder anwerben lassen.

Wirt. Sprecht mir doch wieder zu, wenn Ihr wieder
desertiert.

Soldat. Gewiß. – Lebt wohl! – *(Sie geben sich die
Hände, der Soldat und die Gäste gehn ab, der Wirt
ins Haus. Der Vorhang fällt.)*

ZWISCHENAKT

Fischer. Es wird doch immer toller und toller. – Wozu
war denn nun wohl die letzte Szene?

Leutner. Zu gar nichts, sie ist völlig überflüssig; bloß
um einen neuen Unsinn hineinzubringen. Den Kater
verliert man nun ganz aus den Augen, und man be-
hält gar keinen festen Standpunkt.

Schlosser. Mir ist völlig so, als wenn ich betrunken
    wäre.
Müller. In welchem Zeitalter mag denn das Stück spie-
    len sollen? – Die Husaren sind doch offenbar eine
    neuere Erfindung.
Schlosser. Wir sollten's nur nicht leiden, und derbe
    trommeln. Man weiß durchaus jetzt gar nicht, woran
    man mit dem Stücke ist.
Fischer. Und auch keine Liebe! nichts fürs Herz darin,
    für die Phantasie.
Leutner. Sobald wieder so etwas Tolles vorkömmt,
    fang' ich für meine Person wenigstens an zu trom-
    meln.
Wiesener *(zu seinem Nachbar)*. Mir gefällt jetzt das
    Stück.
Nachbar. Sehr hübsch, in der Tat hübsch; ein großer
    Mann, der Dichter, – hat die Zauberflöte[24] gut nach-
    geahmt.
Wiesener. Die Husaren gefielen mir besonders, es ris-
    kieren die Leute selten, Pferde aufs Theater zu bringen,
    – und warum nicht? Sie haben oft mehr Verstand als
    die Menschen. Ich mag lieber ein gutes Pferd sehn, als
    so manchen Menschen in den neueren Stücken.
Nachbar. Im Kotzebue die Mohren[25], – ein Pferd ist
    am Ende nichts, als eine andere Art von Mohren.
Wiesener. Wissen Sie nicht, von welchem Regiment
    die Husaren waren?
Nachbar. Ich habe sie nicht einmal genau betrachtet. –
    Schade, daß sie sobald wieder weggingen, ich möchte
    wohl ein ganzes Stück von lauter Husaren sehn, – ich
    mag die Kavallerie so gern.
Leutner *(zu Bötticher)*. Was sagen Sie zu dem allen?
Bötticher[26]. Ich habe nur immer noch das vortreff-

---

24. Die erste Berliner Aufführung von Mozarts *Zauberflöte* fand
1794 statt.

25. Verspottet Kotzebues *Exotismus*; vor allem auf *Die Neger-
sklaven* (1796) gemünzt. Vergleiche Tiecks Kotzebue-Satire in den
Schildbürgern (Schr. IX).

26. Karikatur des Hofrats Karl August Böttiger, der eine Lob-
schrift *Entwickelung des Ifflandischen Spiels in 14 Darstellungen auf*

liche Spiel des Mannes im Kopfe, der den Kater dar-
stellt. – Welches Studium! welche Feinheit! welche Be-
obachtung! welcher Anzug!

Schlosser. Das ist wahr, er sieht natürlich aus, wie ein
großer Kater.

Bötticher. Und bemerken Sie nur seine ganze Maske,
wie ich seinen Anzug lieber nennen möchte, denn da
er so ganz sein natürliches Aussehn verstellt hat, so ist
dieser Ausdruck weit passender. Gott segne mir doch
auch bei der Gelegenheit die Alten! Sie wissen wahr-
scheinlich nicht, daß diese Alten alle Rollen ohne Aus-
nahme in Masken spielten, wie Sie im Athenäus, Pol-
lux[27] und andern finden werden. Es ist schwer, sehn
Sie, das alles so genau zu wissen, weil man mitunter
diese Bücher deswegen selber nachschlagen muß. Doch
hat man dann nebenher den Vorteil, daß man sie an-
führen kann. Es ist eine schwierige Stelle im Pau-
sanias[27], –

Fischer. Sie wollten so gut sein, von dem Kater zu
sprechen.

Bötticher. Ja so, – ich will auch alles Vorhergehende
nur so nebenher gesagt haben, ich bitte Sie daher alle
inständigst, es als eine Note anzusehn, – und, um wieder auf den Kater zu kommen: – haben Sie wohl bemerkt, daß es nicht einer von den schwarzen Katern
ist? Nein, im Gegenteil, er ist fast ganz weiß und hat
nur einige schwarze Flecke, das drückt seine Gutmü-
tigkeit ganz vortrefflich aus, man sieht gleichsam den

dem weimarischen Hoftheater im Aprilmonat 1796 anonym erscheinen
ließ. Die Bemerkungen „Bötterichers" über die Darstellung und die
Maske des Katers parodieren die Ifflandbewunderung, die Methode
und die Zitatengelehrsamkeit dieser Publikation. Tieck, der die allgemeine Bewunderung Ifflands übertrieben fand und Ferdinand Fleck als
Schauspieler weit höher stellte, könnte schon bei der Lektüre dieser
Schrift assoziativ auf seine *Kater*-Idee gekommen sein, da Böttiger bei
der Besprechung einer von Iffland gespielten Figur Babos meint, daß
sie „die Rolle eines bald murrenden bald schmeichelnden Katers spielt"
(vgl. Günther, S. 78, und *Modern Language Notes* LXX, S. 195 f.).
Tieck hat Böttiger noch öfter verspottet, u. a. in der Novelle *Die Vogel-
scheuche.*

27. Griechische Autoren des 2. Jh.s n. Chr.

Gang des ganzen Stücks, alle Empfindungen, die es erregen soll, schon in diesem Pelze.

Leutner. Das ist wahr.

Fischer. Der Vorhang geht wieder auf!

ZWEITER AKT

(Bauernstube. Gottlieb. Hinz. Beide sitzen an einem kleinen Tisch und essen.)

Gottlieb. Hat's Dir geschmeckt?

Hinze. Recht gut, recht schön.

Gottlieb. Nun muß sich aber mein Schicksal bald entscheiden, weil ich sonst nicht weiß, was ich anfangen soll.

Hinze. Habe nur noch ein paar Tage Geduld, das Glück muß doch auch einige Zeit haben, um zu wachsen: wer wird denn so aus dem Stegreif glücklich sein wollen! Mein guter Mann, das kömmt nur in Büchern vor, in der wirklichen Welt geht das nicht so geschwinde.

Fischer. Nun hört nur, der Kater untersteht sich von der wirklichen Welt zu sprechen! – Ich möchte fast nach Hause gehn, denn ich fürchte toll zu werden.

Leutner. Es ist beinahe, als wenn es der Verfasser drauf angelegt hätte.

Müller. Ein exzellenter Kunstgenuß, toll zu sein, das muß ich gestehn!

Gottlieb. Wenn ich nur wüßte, lieber Hinz, wo Du die viele Erfahrung, den Verstand herbekommen hast.

Hinze. Glaubst Du denn, daß man tagelang umsonst unterm Ofen liegt und die Augen fest zumacht? – Ich habe dort immer im Stillen fortstudiert. Heimlich und unbemerkt wächst die Kraft des Verstandes, daher hat man dann am wenigsten Fortschritte gemacht, wenn man manchmal Lust kriegt, sich mit einem recht langen Halse nach der zurückgelegten Bahn umzusehn. – Übrigens sei doch so gut und binde mir die Serviette ab.

Gottlieb *(tut's)*. Gesegnete Mahlzeit! – *(Sie küssen sich.)* Nimm so verlieb.

Hinze. Ich danke von ganzem Herzen.

Gottlieb. Die Stiefeln sitzen recht hübsch und Du hast einen scharmanten kleinen Fuß.

Hinze. Das macht bloß, weil unser eins immer auf den Zehen geht: wie Du auch wirst in der Naturgeschichte gelesen haben.

Gottlieb. Ich habe einen großen Respekt vor Dir, – von wegen der Stiefeln.

Hinze *(hängt sich einen Tornister um)*. Ich will nun gehn. – Sieh, ich habe mir auch einen Sack mit einer Schnurre[28] gemacht.

Gottlieb. Wozu das alles?

Hinze. Laß mich nur, ich will einen Jäger vorstellen. – Wo ist denn mein Stock?

Gottlieb. Hier.

Hinze. Nun, so lebe wohl. – *(Er geht ab.)*

Gottlieb. Einen Jäger? – Ich kann aus dem Manne nicht klug werden. – *(Geht ab.)*

(Freies Feld.)

Hinze *(mit Stock, Tornister und Sack)*. Herrlich Wetter! – Es ist doch ein schöner warmer Tag, ich will mich auch hernach ein wenig in die Sonne legen. – *(Er spreitet seinen Sack aus.)* Nun, Glück stehe mir bei! – Wenn ich freilich bedenke, daß diese eigensinnige Glücksgöttin so selten die klug angelegten Pläne begünstigt, daß sie immer darauf ausgeht, den Verstand der Sterblichen zu Schanden zu machen, so möchte ich allen Mut verlieren. Doch, sei ruhig mein Herz, ein Königreich ist schon der Mühe wert, etwas dafür zu arbeiten und zu schwitzen! – Wenn nur keine Hunde hier in der Nähe sind, ich kann diese Geschöpfe gar nicht vor Augen sehn, es ist ein Geschlecht, das ich verachte, weil sie sich so gutwillig unter der niedrigsten Knechtschaft der Menschen bequemen. Sie können nichts als schmeicheln, oder beißen, sie haben gar kei-

28. Schnur.

nen Ton, der im Umgange so notwendig ist. – Es will
sich nichts fangen. – *(Er fängt an ein Jägerlied*[29] *zu
singen:* im Felde schleich' ich still und wild, *u.s.w. Eine
Nachtigall im benachbarten Busche fängt an zu schmet-
tern.)* Sie singt trefflich, die Sängerin der Haine, – wie
delikat muß sie erst schmecken! Die Großen der Erde
sind doch darin recht glücklich, daß sie Nachtigallen
und Lerchen essen können, so viel sie nur wollen, – wir
armen gemeinen Leute müssen uns mit dem Gesang zufrieden stellen, mit der schönen Natur, mit der unbegreiflich süßen Harmonie. – Es ist fatal, daß ich
nichts kann singen hören, ohne Lust zu kriegen, es zu
fressen: Natur! Natur! warum störst Du mich dadurch
immer in meinen allerzartesten Empfindungen, daß Du
mich so eingerichtet hast? – Fast krieg' ich Lust, mir
die Stiefeln auszuziehn und sacht den Baum dort
hinanzuklettern, sie muß da sitzen. – *(Im Parterre
wird getrommelt.)* Die Nachtigall hat eine gute Natur,
daß sie sich durch diese kriegerische Musik nicht einmal
unterbrechen läßt, – delikat muß sie schmecken; ich
vergesse meine ganze Jagd über diese süßen Träume. –
Es fängt sich wahrhaftig nichts. – Wer kömmt denn da?
                    (Zwei Liebende treten auf.)
E r. Hörst Du wohl die Nachtigall, mein süßes Leben?
S i e. Ich bin nicht taub, mein Guter.
E r. Wie wallt mein Herz vor Entzücken über, wenn ich
    die ganze harmonische Natur so um mich her versam-
    melt sehe, wenn jeder Ton nur das Geständnis meiner
    Liebe wiederholt, wenn sich der ganze Himmel nie-
    derbeugt, um Äther auf mich auszuschütten.
S i e. Du schwärmst, mein Lieber.
E r. Nenne die natürlichsten Gefühle meines Herzens
    nicht Schwärmerei: *(Er kniet nieder.)* Sieh, ich schwöre
    Dir hier vor dem Angesicht des heitern Himmels –
H i n z e *(höflich hinzutretend).* Verzeihen Sie gütigst, –
    wollten Sie sich nicht anderswo hinbemühen, Sie stören
    hier mit Ihrer holdseligen Eintracht eine Jagd.
E r. Die Sonne sei mein Zeuge, die Erde, – und was sonst

---

29. Goethes Gedicht *Jägers Abendlied.*

noch? Du selbst, mir teurer als Erde, Sonne und alle
Elemente – Was will Er, guter Freund?

Hinze. Die Jagd, – ich bitte demütigst.

Er. Barbar, wer bist Du, daß Du es wagst, die Schwüre
der Liebe zu unterbrechen? Dich hat kein Weib geboren, Du gehörst jenseits der Menschheit zu Hause[30].

Hinze. Wenn Sie nur bedenken wollten, –

Sie. So wart Er doch nur einen Augenblick, guter
Freund, Er sieht ja wohl, daß der Geliebte, in Trun-
kenheit verloren, auf seinen Knien liegt.

Er. Glaubst Du mir nun?

Sie. Ach, hab' ich Dir nicht schon geglaubt, noch ehe Du
ein Wort gesprochen hast? – *(Sie beugt sich liebevoll zu
ihm hinab.)* Teurer! – ich – liebe Dich! o unaussprechlich!

Er. Bin ich unsinnig? – O und wenn ich es nicht bin,
warum werd' ich Elender, Verächtlicher, es nicht ur-
plötzlich vor übergroßer Freude? – Ich bin nicht mehr
auf der Erde, sieh mich recht an, Teuerste, und sage
mir: steh' ich nicht vielleicht in der Sonne?

Sie. In meinen Armen bist Du, und die sollen Dich auch
nicht wieder lassen.

Er. O komm, dieses freie Feld ist meinen Empfindungen
zu enge, wir müssen den höchsten Berg erklettern, um
der ganzen Natur zu sagen: wie glücklich wir sind. –
*(Sie gehen schnell und voll Entzückens ab. Lautes Klat-
schen und Bravorufen im Parterre.)*

Wiesener *(klatschend)*. Der Liebhaber griff sich tüchtig
an. – O weh, da hab' ich mir selber einen Schlag in die
Hand gegeben, daß sie ganz aufgelaufen ist.

Nachbar. Sie wissen sich in der Freude nicht zu mäßi-
gen.

Wiesener. Ja, so bin ich immer.

Fischer. Ah! – das war doch etwas fürs Herz; – das
tut einem wieder einmal wohl!

Leutner. Eine wirklich schöne Diktion in der Szene.

Müller. Ob's aber zum Ganzen wird notwendig sein?

---

30. Vergleiche Schillers *Don Carlos* II/2, Vers 1078 ff. Die Szene
(mit der Schlußtirade Hinzes) verspottet jedoch vor allem Iffland
und Kotzebue.

Schlosser. Ich kümmere mich nie ums Ganze, wenn
  ich weine so wein' ich und damit ist's gut; es war eine
  göttliche Stelle.
Hinze. Ist so ein verliebtes Volk doch zu etwas gut in
  der Welt, sie sind wieder da unten ins Poetische hinein-
  geplumpt und das Trommeln hat aufgehört. – Es läßt
  sich nichts fangen. – *(Ein Kaninchen kriecht in den*
  Sack, er springt schnell hinzu und schnürt ihn zusam-
  men.) Sieh da, guter Freund. Ein Wildbret, das eine
  Art von Geschwisterkind von mir ist; ja, das ist der
  Lauf der heutigen Welt, Verwandte gegen Verwandte,
  Bruder gegen Bruder: wenn man selbst durch die Welt
  will, muß man andre aus dem Wege stoßen. – *(Er*
  nimmt das Kaninchen aus dem Sacke und steckt es in
  den Tornister.) Halt! halt! – ich muß mich wahrhaftig
  in Acht nehmen, daß ich das Wildbret nicht selber auf-
  fresse. Ich muß nur geschwinde den Tornister zubin-
  den, damit ich nur meine Affekten bezähme. – Pfui!
  schäme dich, Hinz! – Ist es nicht die Pflicht des Edeln,
  sich und seine Neigungen dem Glück seiner Mitge-
  schöpfe aufzuopfern? Dies ist die Ursach' warum wir
  leben, und wer das nicht kann – o ihm wäre besser,
  daß er nie geboren wäre. – *(Er will abgehn, heftiges*
  Klatschen und Da Capo rufen, er muß die letzte schöne
  Stelle noch einmal hersagen, dann verneigt er sich ehr-
  erbietig und geht mit dem Kaninchen ab.)
Fischer. O welcher edle Mann!
Müller. Welche schöne menschliche Gesinnung!
Schlosser. Durch so etwas kann man sich doch noch
  bessern, – aber wenn ich solche Possen sehe, möcht' ich
  gleich drein schlagen.
Leutner. Mir ist auch ganz wehmütig geworden, – die
  Nachtigall, – die Liebenden, – die letzte Tirade, – das
  Stück hat denn doch wahrhaftig schöne Stellen!

(Saal im Palast. Große Audienz. Der König, die Prinzes-
    sin, der Prinz Nathanael, der Koch [in Gala].)
König *(sitzt auf dem Thron).* Hieher Koch, jetzt ist es
  Zeit, Rede und Antwort zu geben, ich will die Sache
  selbst untersuchen.

Koch *(läßt sich auf ein Knie nieder)*. Ihro Majestät geruhn, Ihre Befehle über Dero getreuesten Diener aus-
zusprechen.

König. Man kann nicht genug dahin arbeiten, meine
Freunde, daß ein König, dem das Wohl eines ganzen
Landes und unzähliger Untertanen auf dem Halse
liegt, immer bei guter Laune bleibe. Denn wenn er in
eine üble Laune gerät, so wird er gar leicht ein Tyrann,
ein Unmensch, denn gute Laune befördert die Fröhlichkeit, und Fröhlichkeit macht nach den Beobachtun-
gen aller Philosophen den Menschen gut, dahingegen
die Melancholie deswegen für ein Laster zu achten ist,
weil sie alle Laster befördert. Wem, frag' ich nun, liegt
es so nahe, in wessen Gewalt steht es wohl so sehr, die
Laune eines Monarchen zu erhalten, als eben in den
Händen eines Kochs? – Sind Kaninchen nicht sehr un-
schuldige Tiere? Mein liebstes Essen, – durch diese Tierchen könnte ich dahin kommen, es gar nicht überdrüssig zu werden, mein Land glücklich zu machen, – und
an diesen Kaninchen läßt Er es ermangeln! – Spanferkeln und alle Tage Spanferkeln, – Bösewicht, das bin
ich endlich überdrüssig.

Koch. Verdamme mich mein König nicht ungehört. Der
Himmel ist mein Zeuge, daß ich mir alle Mühe nach
jenen niedlichen weißen Tierchen gegeben habe, ich
habe sie sogar zu einem höhern Preise einkaufen wollen, – aber durchaus sind keine zu haben. – Sollten Sie
an der Liebe Ihrer Untertanen zweifeln können, wenn
man nur irgend dieser Kaninchen habhaft werden
könnte?

König. Laß die schelmischen Worte, schier Dich fort in
die Küche und beweise durch die Tat, daß Du Deinen
König liebst. – *(Der Koch geht ab.)* Jetzt wend' ich
mich zu Ihnen, mein Prinz, – und zu Dir, meine Tochter. – Ich habe erfahren, werter Prinz, daß meine Tochter Sie nicht liebt, daß sie Sie nicht lieben kann; sie ist
ein unbesonnenes unvernünftiges Mädchen, aber ich
traue ihr doch so viel Verstand zu, daß sie einige Ur-
sachen haben wird. – Sie macht mir Sorgen und Gram,
Kummer und Nachdenken und meine alten Augen flie-

ßen von häufigen Tränen über, wenn ich daran denke,
wie es ihr nach meinem Tode gehn wird. – Du wirst
sitzen bleiben, hab' ich ihr tausendmal gesagt; greif
zu! so lange es Dir geboten wird, aber sie will nicht
hören, nun, so wird sie sich gefallen lassen müssen, zu
fühlen!

Prinzessin. Mein Vater, –

König *(weinend und schluchzend).* Geh, Undankbare,
Ungehorsame, – Du bereitest meinem grauen Kopfe
durch Dein Weigern, ein – ach, nur allzu frühzeitiges
Grab. – *(Er stützt sich auf den Thron, verdeckt sich
mit dem Mantel das Gesicht und weint heftig.)*

Fischer. Der König bleibt seinem Charakter doch
nicht einen Augenblick getreu.

(Ein Kammerdiener kömmt herein.)

Kammerdiener. Ihro Majestät, ein fremder Mann
ist draußen und bittet, vor Ihro Majestät gelassen zu
werden.

König *(schluchzend).* Wer ist's?

Kammerdiener. Verzeihung, mein König, daß ich
diese Frage nicht beantworten kann. Seinem langen
weißen Barte nach, sollte es ein Greis sein und sein
ganz mit Haaren bedecktes Gesicht sollte einen darin
fast bestärken, aber dann hat er wieder so muntre
jugendliche Augen, einen so dienstfertigen geschmeidi-
gen Rücken, daß man an ihm irre wird. Es scheint ein
wohlhabender Mann, denn er trägt ein Paar vortreff-
liche Stiefeln, und so viel ich aus seinem Äußern abnehmen kann, scheint er ein Jäger zu sein.

König. Führt ihn herein, ich bin neugierig ihn zu sehn.
*(Kammerdiener geht ab und kömmt sogleich mit Hinze
zurück.)*

Hinze. Mit Ihrer Majestät gnädigster Erlaubnis ist der
Graf von Carabas so frei, Ihnen ein Kaninchen zu
übersenden.

König *(entzückt).* Ein Kaninchen? – hört Ihr's wohl,
Leute? – o das Schicksal hat sich wieder mit mir aus-
gesöhnt! – Ein Kaninchen?

Hinze *(nimmt es aus dem Tornister).* Hier, großer Mon-
arch.

König. Da – halten Sie mal den Zepter einen Augenblick, Prinz, – *(Er befühlt das Kaninchen.)* fett! hübsch fett! – Vom Grafen von –

Hinze. Carabas.

König. Ei, das muß ein vortrefflicher Mann sein, den Mann muß ich näher kennen lernen. – Wer ist der Mann? wer kennt ihn von Euch? – warum hält er sich verborgen? Wenn solche Köpfe feiern, wie steht es da um den Thron[31]! Ich möchte vor Freude weinen: schickt mir ein Kaninchen! – Kammerdiener, gebt es gleich dem Koch. *(Kammerdiener empfängt's und geht ab.)*

Nathanael. Mein König, ich nehme meinen demütigsten Abschied.

König. Ja so, das hätt' ich über die Freude bald vergessen! – Leben Sie wohl, Prinz, ja, Sie müssen andern Freiwerbern Platz machen, das ist nicht anders. – Adieu! Ich wollte, Sie hätten Chaussee bis nach Hause. *(Der Prinz küßt ihm die Hand und geht ab.)*

König *(schreiend).* Leute! – Mein Historiograph soll kommen!

(Der Historiograph erscheint.)

König. Hier Freund, kommt, hier gibt's Materie für unsre Weltgeschichte. – Ihr habt doch Euer Buch bei Euch?

Historiograph. Ja, mein König.

König. Schreibt gleich hinein, daß mir an dem und dem Tage, (welchen Datum wir nun heut schreiben) der Graf von Carabas ein sehr delikates Kaninchen zum Präsent überschickt hat.

(Historiograph setzt sich nieder und schreibt.)

König. Vergeßt nicht, anno[32] currentis. – Ich muß an alles denken, sonst wird's doch immer schief ausgerichtet. *(Man hört blasen.)* – Ah! das Essen ist fertig, – komm, meine Tochter, weine nicht, ist's nicht der Prinz, so ist es ein andrer. – Jäger, wir danken für Deine

31. Vergleiche Schillers *Don Carlos* III/10: „Wenn solche Köpfe feiern, / Wieviel Verlust für meinen Staat." Eine ungedruckte *Don Carlos*-Parodie Tiecks beschreibt Günther, S. 170.

32. Absichtlich statt ›anni currentis‹ (des laufenden Jahres).

Mühe, willst Du uns nach dem Speisesaal begleiten?
(Sie gehn ab, Hinze folgt.)

Leutner. Bald halt' ich's nicht mehr aus, wo ist denn
nun der Vater geblieben, der erst gegen seine Tochter
so zärtlich war, und uns alle so rührte?

Fischer. Was mich nur ärgert, ist daß sich kein Mensch
im Stück über den Kater wundert; der König und alle
tun, als müßte es so sein.

Schlosser. Mir geht der ganze Kopf von dem wun-
derlichen Zeug herum.

*(Königlicher Speisesaal. Große ausgerüstete Tafel, unter
Pauken und Trompeten treten ein: Der König, die Prin-
zessin, Leander, Hinze, mehrere vornehme Gäste und
Hanswurst. Bedienten, die aufwarten.)*

König. Setzen wir uns, die Suppe wird sonst kalt! – Ist
für den Jäger gesorgt?

Ein Bedienter. Ja, Ihro Majestät, er wird mit dem
Hofnarren hier am kleinen Tischchen essen.

Hanswurst *(zu Hinze).* Setzen wir uns, die Suppe
wird sonst kalt.

Hinze *(setzt sich).* Mit wem hab' ich die Ehre zu spei-
sen?

Hanswurst. Der Mensch ist, was er ist, Herr Jäger,
wir können nicht alle dasselbe treiben. Ich bin ein
armer verbannter Flüchtling, ein Mann, der vor langer
Zeit einmal witzig war, der jetzt dumm geworden ist
und in einem fremden Lande wieder in Dienste getreten, wo man ihn von neuem auf einige Zeit für witzig
hält.

Hinze. Was seid Ihr für ein Landsmann?

Hanswurst. Leider nur ein Deutscher. Meine Landsleute wurden um eine gewisse Zeit so klug, daß sie
allen Spaß ordentlich bei Strafe verboten, wo man
mich nur gewahr ward, gab man mir unausstehliche
Ekelnamen, als: abgeschmackt, unanständig, bizarr, –
wer über mich lachte, wurde eben so wie ich verfolgt,
und so mußt' ich in die Verbannung wandern[33].

33. Gegen Gottsched gerichtet, der den Hanswurst 1737 von der
deutschen Bühne verbannte.

Hinze. Armer Mann!

Hanswurst. Es gibt wunderliche Hantierungen in der
Welt, Herr Jäger, Köche leben vom Essen, Schneider
von der Eitelkeit, ich vom Lachen der Menschen, wenn
sie nicht mehr lachen, muß ich verhungern.

(Ein Gemurmel im Parterre: ein Hanswurst, ein Hanswurst!*)*

Hinze. Das Gemüse ess' ich nicht.

Hanswurst. Warum? seid nicht blöde, greift zu.

Hinze. Ich sage Euch, ich kann den weißen Kohl nicht
vertragen.

Hanswurst. Mir wird er desto besser schmecken. –
Gebt mir Eure Hand, ich muß Euch näher kennen lernen, Jäger.

Hinze. Hier.

Hanswurst. Empfangt hier die Hand eines deutschen Biedermannes[34], ich schäme mich nicht ein Deutscher zu sein, wie viele meiner Landsleute. *(Er drückt
dem Kater die Hand sehr heftig.)*

Hinze. Au! au! – *(Er sträubt sich, knurret und klaut[35]
den Hanswurst.)*

Hanswurst. O weh! Jäger! plagt Euch der Teufel? –
(Er steht auf und geht weinend zum Könige.) Ihro
Majestät, der Jäger ist ein treuloser Mann, seht nur,
wie er mir ein Andenken von seinen fünf Fingern hin-
terlassen hat.

König *(essend).* Wunderlich, – nu setz Dich wieder hin
– trage künftig Handschuhe, wenn Du ihm die Hand
gibst.

Hanswurst. Man muß sich vor Euch hüten.

Hinze. Warum kneift Ihr mich so? Hole der Henker
Euer biedres Wesen!

Hanswurst. Ihr kratzt ja wie eine Katze.

---

34. Verspottet die Mode, sich „in Büchern wie im gemeinen Leben"
als „deutschen Biedermann" und „ehrlichen Deutschen" aufzuspielen
und damit Grobheiten zu rechtfertigen. Vergleiche das Kapitel *Über
die Biedermänner* in Tiecks *Peter Lebrecht* II (Schr. XV). Literatur-
satirisch vor allem gegen C. G. Cramer, auch Veit Weber, Iffland
u. a.

35. Kratzt.

Hinze *(lacht boshaft)*.
König. Aber was ist denn das heute? Warum wird denn
　　kein vernünftiges Tischgespräch geführt? Mir schmeckt
　　kein Bissen, wenn nicht der Geist auch einige Nahrung
　　hat. – Hofgelehrter, seid Ihr denn heut auf den Kopf
　　gefallen?
Leander *(essend)*. Ihro Majestät geruhn –
König. Wie weit ist die Sonne von der Erde?
Leander. 2,4000,71 Meilen.
König. Und der Umkreis, den die Planeten durchlaufen.
Leander. Hundert tausend Millionen Meilen.
König. Hundert tausend Millionen! – Nichts mag ich
　　in der Welt lieber hören, als so große Nummern, –
　　Millionen, Trillionen, – da hat man doch dran zu den-
　　ken. – Es ist doch viel, so tausend Millionen.
Leander. Der menschliche Geist wächst mit den Zah-
　　len.
König. Sagt mal, wie groß ist so wohl die ganze Welt
　　im Umfange, Fixsterne, Milchstraßen, Nebelkappen
　　und allen Plunder mitgerechnet.
Leander. Das läßt sich gar nicht aussprechen.
König. Du sollst es aber aussprechen, oder, – *(mit dem
　　Zepter drohend)*.
Leander. Wenn wir eine Million wieder als eins an-
　　sehn, dann ohngefähr zehnmal hunderttausend Tril-
　　lionen solcher Einheiten, die an sich schon eine Million
　　ausmachen.
König. Denkt nur, Kinder, denkt! – Sollte man mei-
　　nen, daß das Ding von Welt so groß sein könnte? Aber
　　wie das den Geist beschäftigt!
Hanswurst. Ihro Majestät, mir kömmt die Schüssel
　　mit Reis hier erhabner vor.
König. Wie so, Narr?
Hanswurst. Bei solchen Zahlerhabenheiten kann man
　　gar nichts denken, denn die höchste Zahl wird ja am
　　Ende wieder die kleinste. Man darf sich ja nur alle
　　Zahlen denken, die es geben kann. Ich kann hier nie
　　über fünfe zählen.
König. Aber da ist was Wahres darin. – Gelehrter, wie
　　viel Zahlen gibt es denn?

L e a n d e r. Unendlich viel.

K ö n i g. Sagt mal geschwind die höchste Zahl.

L e a n d e r. Es gibt gar keine höchste, weil man zur höchsten immer noch etwas zusetzen kann, der menschliche Geist kennt hier gar keine Einschränkung.

K ö n i g. Es ist doch aber wahrhaftig ein wunderliches Ding um diesen menschlichen Geist.

H i n z e. Es muß Dir hier sauer werden, ein Narr zu sein.

H a n s w u r s t. Man kann gar nichts Neues aufbringen, es arbeiten zu viele in dem Fache.

L e a n d e r. Der Narr, mein König, kann so etwas nie begreifen, mich wundert überhaupt, daß sich Ihro Majestät noch von seinen geschmacklosen Einfällen belustigen lassen. Sogar in Deutschland ist man seiner überdrüssig geworden, und Sie haben ihn hier in Utopien[36] aufgenommen, wo uns tausend der wunderbarsten und geistreichsten Belustigungen zu Gebote stehn. Man sollte ihn gradezu fortjagen, denn er bringt Ihren Geschmack nur in einen übeln Ruf.

K ö n i g *(wirft ihm das Zepter an den Kopf)*. Herr Naseweis von Gelehrter! was untersteht Er sich denn? Der Narr gefällt m i r, m i r, seinem Könige, und wenn ich Geschmack an ihm finde, wie kann Er sich unterstehn zu sagen, daß der Mann abgeschmackt wäre? Er ist Hofgelehrter, und der andre Hofnarr, Ihr steht in einem Gehalte, der einzige Unterschied ist, daß er an dem kleinen Tischchen mit dem fremden Jäger speist. Der Narr macht dummes Zeug bei Tische, und Er führt einen vernünftigen Diskurs bei Tische, beides soll mir nur die Zeit vertreiben und machen, daß mir das Essen schmeckt: wo ist denn nun der große Unterschied? – Und dann tut's einem auch wohl, einen Narren zu sehn, der dummer ist, als wir, der nicht die Gaben hat, man fühlt sich dann doch mehr und ist dankbar gegen den Himmel: schon deswegen ist mir ein Dummkopf ein angenehmer Umgang.

(Der Koch trägt das Kaninchen auf und entfernt sich.)

36. Der Schauplatz („Nirgendsland") der *Utopia* des Thomas Morus.

König. Das Kaninchen! – Ich weiß nicht – die andern
    Herrn essen es wohl nicht gerne? –
                (Alle verneigen sich.)
König. Nun, so will ich es denn mit Ihrer Erlaubnis
    für mich allein behalten. – *(Er ißt.)*
Prinzessin. Mich dünkt, der König zieht Gesichter,
    als wenn er seinen Zufall wieder bekäme.
König *(aufstehend, in Wut).* Das Kaninchen ist ver-
    brannt! – O Erde! – o Schmerz! – was hält mich zu-
    rück, daß ich den Koch nicht eiligst dem Orkus zusende?
Prinzessin. Mein Vater –
König. Wie hat dieser Fremdling sich unter die Men-
    schen verirrt? sein Auge ist trocken[37] –
(Alle erheben sich voll Besorgnis, Hanswurst läuft ge-
schäftig hin und wider, Hinze bleibt sitzen und ißt
                heimlich.)
König. Eine lange, lange, gute Nacht, kein Morgen
    wird sie mehr röten[38].
Prinzessin. Hole doch einer schnell den Besänftiger.
König. Der Koch Philipp sei das Jubelgeschrei der
    Hölle, wenn ein Undankbarer verbrannt wird[39]!
Prinzessin. Wo nur der Musikus bleibt!
König. Sein oder nicht sein[40], –
(Der Besänftiger tritt mit einem Glockenspiele auf, das
            er sogleich spielt.)
König. Wie ist mir? – *(weinend).* Ach! ich habe schon
    wieder meinen Zufall gehabt. – Schafft mir den An-
    blick des Kaninchens aus den Augen[41]. – *(Er legt sich*
    voll Gram mit dem Kopf auf den Tisch und schluchzt.)

37. Schillers *Don Carlos* II/2: „Durch welchen Mißverstand hat
dieser Fremdling / Zu Menschen sich verirrt? . . . Sein Aug' ist
trocken . . .“

38. Schillers *Räuber* (Theaterbearbeitung IV/15): „Eine lange –
lange gute Nacht! kein Morgen wird sie mehr röten.“

39. Babos *Otto von Wittelsbach* (Dt. Nat.-Litt., Bd. CXXXVIII):
„Philipp! sei das Jubelgeschrei der Hölle, wenn ein Undankbarer
verdammt wird!“

40. Shakespeares *Hamlet* III/1: „Sein oder nicht sein . . .“; Schillers *Don Carlos* III/9: „Sein oder nicht – gleichviel!“

41. Schillers *Räuber* (Theaterbearbeitung IV/14): „Schafft mir *die-*
sen aus den Augen!“

Ein Hofmann. Seine Majestät leiden viel.
(Es entsteht ein gewaltiges Pochen und Pfeifen im Parterre, man hustet, man zischt, die Galerie lacht, der König richtet sich auf, nimmt den Mantel in Ordnung und setzt sich mit dem Zepter in größter Majestät hin, alles ist umsonst, der Lärm wird immer größer, alle Schauspieler vergessen ihre Rollen, auf dem Theater eine fürchterliche Pause. – Hinze ist eine Säule hinangeklettert.)
   (Der Dichter kömmt bestürzt aufs Theater.)
Dichter. Meine Herren, – verehrungswürdigstes Publikum, – nur einige Worte.
Im Parterre. Still! still! der Narr will sprechen!
Dichter. Ums Himmelswillen, machen Sie mir die Schande nicht, der Akt ist ja gleich zu Ende. – Sehn Sie doch nur, der König ist ja auch wieder zur Ruhe, nehmen Sie an dieser großen Seele ein Beispiel, die gewiß mehr Ursache hatte, verdrüßlich zu sein, als Sie.
Fischer. Mehr als wir?
Wiesener *(zum Nachbar)*. Aber warum trommeln Sie denn? uns beiden gefällt ja das Stück.
Nachbar. Ist auch wahr, – in Gedanken, weil es alle tun. *(Klatscht aus Leibeskräften.)*
Dichter. Einige Stimmen sind mir doch noch günstig, – lassen Sie sich aus Mitleid mein armes Stück gefallen, ein Schelm gibt's besser, als er's hat; es ist auch bald zu Ende. – Ich bin so verwirrt und erschrocken, daß ich Ihnen nichts anders zu sagen weiß.
Alle. Wir wollen nichts hören, nichts wissen.
Dichter *(reißt wütend den Besänftiger hervor)*. Der König ist besänftigt, besänftige nun auch diese tobende Flut, wenn Du es kannst. *(Er stürzt außer sich ab.)*
(Der Besänftiger spielt auf den Glocken, das Pochen schlägt dazu den Takt; – er winkt, Affen und Bären erscheinen und tanzen freundlich um ihn herum; Adler und andre Vögel, ein Adler sitzt Hinzen auf dem Kopfe, der in der größten Angst ist, zwei Elefanten, zwei Löwen.)
   (Ballett und Gesang.)
Die Vierfüßigen. Das klinget so herrlich[42], –

---

42. Dies und das Folgende Zitate nach Mozarts *Zauberflöte*.

Die Vögel. Das klinget so schön, –
Vereinigtes Chor. Nie hab' ich so etwas gehört
    noch gesehn.
(Hierauf wird von allen Anwesenden eine künstliche
Quadrille getanzt, der König und sein Hofstaat wird in
die Mitte genommen, Hinze und der Hanswurst nicht
ausgeschlossen; allgemeines Applaudieren. Gelächter, man
steht im Parterre auf, um recht genau zu sehen, einige
Hüte fallen von der Galerie herunter.)
Der Besänftiger *(singt während dem Ballett und*
    der allgemeinen Freude der Zuschauer:)

> Könnte jeder brave Mann
>   Solche Glöckchen finden,
> Seine Feinde würden dann
>   Ohne Mühe schwinden,
> Und er lebte ohne sie
> In der schönsten Harmonie!

(Der Vorhang fällt, alles jauchzt und klatscht, man hört
    noch das Ballett eine Zeitlang.)

ZWISCHENAKT

Wiesener. Herrlich! herrlich!
Nachbar. Das heiß' ich mir noch ein heroisch Ballett.
Wiesener. Und so schön in die Haupthandlung ein-
    geflochten!
Leutner. Schöne Musik!
Fischer. Göttlich.
Schlosser. Das Ballett hat das Stück noch gerettet.
Bötticher. Ich bewundre nur immer das Spiel des
    Katers. – An solchen Kleinigkeiten erkennt man den
    großen und geübten Schauspieler; so oft er zum Bei-
    spiel das Kaninchen aus der Tasche nahm, hob er es
    jederzeit bei den Ohren, es stand ihm nicht vorgeschrie-
    ben; haben Sie wohl bemerkt, wie es der König so-
    gleich an den Leib packte? Aber man hält diese Tiere

an den Ohren, weil sie es dort am besten vertragen
können. Das nenn' ich den Meister!

Müller. Das ist sehr schön auseinandergesetzt.

Fischer *(heimlich)*. Man sollte ihn selbst dafür bei den
Ohren nehmen.

Bötticher. Und die Angst, als ihm der Adler auf dem
Kopfe saß! Wie er sich aus Furcht so gar nicht be-
wegte, sich weder rührte noch regte, – das kann keine
Beschreibung ausdrücken.

Müller. Sie gehen sehr gründlich.

Bötticher. Ich schmeichle mir nur ein klein wenig
Kenner zu sein, das ist freilich mit Ihnen allen nicht
der Fall und darum muß man es Ihnen ein wenig e n t -
w i c k e l n[43].

Fischer. Sie geben sich viel Mühe.

Bötticher. O wenn man die Kunst so liebt, wie ich,
ist das eine angenehme Mühe. – Mir ist auch jetzt
wegen der Stiefeln des Katers ein sehr scharfsinniger
Gedanke eingefallen, und ich bewundere darin das Ge-
nie des Schauspielers. – Sehn Sie, er ist anfangs Kater,
deshalb muß er seine natürliche Kleidung ablegen um
die passende Maske einer Katze zu nehmen. Jetzt soll
er nun wieder ganz als Jäger erscheinen, das schließ'
ich daraus, weil ihn jeder so nennt, sich auch kein
Mensch über ihn verwundert, ein ungeschickter Schauspieler würde sich auch ganz so gekleidet haben, – aber
wie würde es um unsre Illusion ausgesehn haben? Wir
hätten vielleicht darüber vergessen, daß er doch im
Grunde ein Kater sei, und wie unbequem müßte dem
Schauspieler eine neue Kleidung über den schon vor-
handenen Pelz sein? Durch die Stiefeln aber deutet er
sehr geschickt die Jägeruniform nur an; und daß solche
Andeutungen äußerst dramatisch sind, beweisen uns
ganz vorzüglich die Alten, die oft –

Fischer. Still! der dritte Akt fängt an. –

---

43. Vergleiche Böttigers oben zitierte *Entwickelung* . . .

DRITTER AKT

(Bauernstube. Der Dichter. Der Maschinist.)

Maschinist. Meinen Sie denn wirklich, daß das etwas helfen wird?

Dichter. Ich bitte, ich beschwöre Sie, schlagen Sie mir meine Bitte nicht ab, meine einzige Hoffnung beruht darauf.

Leutner. Was ist denn das wieder? – Wie kommen denn diese Menschen in Gottliebs Stube?

Schlosser. Ich zerbreche mir über nichts mehr den Kopf.

Maschinist. Aber, lieber Freund, Sie verlangen auch wahrhaftig zu viel, daß das alles so in der Eil', ganz aus dem Stegreife zu Stande kommen soll.

Dichter. Ich glaube Sie verfolgen mich auch, Sie freuen sich ebenfalls über mein Unglück.

Maschinist. Nicht im mindesten.

Dichter *(fällt vor ihm nieder)*. Beweisen Sie es mir also dadurch, daß Sie meiner Bitte nachgeben; wenn das Mißfallen des Publikums wieder so laut ausbricht, so lassen Sie auf einen Wink von mir alle Maschinen spielen, der zweite Akt ist so schon ganz anders geschlossen, als es in meinem Manuskripte steht –

Maschinist. Was ist denn das? – Wer hat denn die Gardine aufgezogen?

Dichter. Alles Unglück vereinigt sich, ich bin verloren! – *(Er flieht beschämt hinter die Kulissen.)*

Maschinist. Solche Verwirrung ist noch an keinem Abende gewesen. *(Geht ab. – Eine Pause.)*

Wiesener. Gehört denn das zum Stück?

Nachbar. Natürlich, – das motiviert ja die nachherigen Verwandlungen.

Fischer. Den heutigen Abend sollte man doch wirklich im Theaterkalender[44] beschreiben.

König *(hinter der Szene)*. Nein, ich geh' nicht vor, durchaus nicht, ich kann es nicht vertragen, wenn ich ausgelacht werde.

---

44. H. A. O. Reichardts *Theaterkalender* (Gotha 1775–1800).

Dichter. Aber Sie, – teuerster Freund – es ist doch einmal nicht zu ändern.

Hanswurst. Nun, ich will mein Glück versuchen. *(Er tritt hervor und verbeugt sich possierlich gegen das Publikum.)*

Müller. Wie kömmt denn der Hanswurst nun in die Bauernstube?

Schlosser. Er wird gewiß einen abgeschmackten Monolog halten wollen.

Hanswurst. Verzeihen Sie, wenn ich mich erkühne, ein Paar Worte vorzutragen, die eigentlich nicht zum Stücke gehören.

Fischer. O Sie sollten nur ganz stille schweigen, Sie sind uns schon im Stück zuwider, vielmehr nun gar so –

Schlosser. Ein Hanswurst untersteht sich mit uns zu reden?

Hanswurst. Warum nicht? denn wenn ich ausgelacht werde, so tut mir das nichts, ja es wäre grade mein heißester Wunsch, daß Sie über mich lachen möchten. Genieren Sie sich also nicht.

Leutner. Das ist ziemlich possierlich.

Hanswurst. Was dem Könige freilich wenig ansteht, schickt sich desto besser für mich, er wollte daher auch gar nicht vorkommen, sondern überließ mir diese wichtige Ankündigung.

Müller. Wir wollen aber nichts hören.

Hanswurst. Meine lieben deutschen Landsleute –

Schlosser. Ich denke das Stück spielt in Asien.

Hanswurst. Jetzt rede ich ja aber zu Ihnen, als bloßer Schauspieler zu den Zuschauern.

Schlosser. Leute, nun bin ich hin, ich bin verrückt.

Hanswurst. Geruhen Sie doch zu vernehmen, daß die vorige Szene, die Sie eben sahen, gar nicht zum Stücke gehört.

Fischer. Nicht zum Stücke? wie kömmt sie denn aber hinein?

Hanswurst. Der Vorhang war zu früh aufgezogen. Es war eine Privatunterredung, die gar nicht auf dem Theater vorgefallen wäre, wenn es zwischen den Kulissen nicht so abscheulich eng gewesen wäre. Sind Sie also illudiert gewesen, so ist es wahrlich um so schlimmer, sein Sie dann nur so gütig, diese Täuschung aus sich wieder auszurotten, denn vo jetzt an, verstehn Sie mich, nachdem ich weggegangen bin, nimmt der Akt erst eigentlich seinen Anfang. Unter uns, alles Vorhergehende gehört gar nicht zur Sache. – Aber Sie sollen entschädigt werden, es wird im Gegenteil bald manches kommen, was sehr zur Sache gehört, ich habe den Dichter selber gesprochen und er hat's mir zugeschworen.

Fischer. Ja, Euer Dichter ist der rechte Kerl.

Hanswurst. Nicht wahr, er ist nichts wert? Nun, das freut mich doch, daß noch jemand anders meinen Geschmack hat –

Das Parterre. Wir alle, wir alle.

Hanswurst. Gehorsamer Diener, gar zu viel Ehre. – Ja, es ist, weiß Gott, ein elender Dichter, – nur um ein schlechtes Beispiel zu geben: welche armselige Rolle hat er mir zugeteilt? Wo bin ich denn witzig und spaßhaft? Ich komme in so wenigen Szenen vor, und ich glaube, wenn ich nicht noch jetzt durch einen glücklichen Zufall herausgetreten wäre, erschien' ich gar nicht wieder.

Dichter *(hervorstürzend).* Unverschämter Mensch –

Hanswurst. Nun, sehn Sie, sogar auf die kleine Rolle, die ich jetzt spiele, ist er neidisch.

Dichter *(auf der andern Seite des Theaters mit einer Verbeugung).* Verehrungswürdige! ich hätte es nie wagen dürfen, diesem Manne eine größere Rolle zu geben, da ich Ihren Geschmack kenne –

Hanswurst *(auf der andern Seite).* Ihren Geschmack? – Nun sehen Sie den Neid – und so eben haben Sie alle erklärt, daß mein Geschmack auch der Ihrige wäre.

Dichter. Ich wollte Sie durch gegenwärtiges Stück nur erst zu noch ausschweifendern Geburten der Phantasie vorbereiten.

Alle im Parterre. Wie? – was?

Hanswurst. Gewiß zu Stücken, wo ich gar keine Rolle drin hätte.

Dichter. Denn stufenweise muß diese Ausbildung vor sich gehn.

Hanswurst. Glauben Sie ihm kein Wort.

Dichter. Ich empfehle mich indes, um den Gang des Stücks nicht länger zu unterbrechen. *(Geht ab.)*

Hanswurst. Adieu, bis auf Wiedersehn. – *(Geht ab und kömmt schnell wieder.)* Apropos! – noch eins, – auch was jetzt unter uns vorgefallen ist, gehört nicht zum Stück. *(Geht ab.)*

> *(Das Parterre lacht.)*

Hanswurst *(kömmt schnell wieder)*. Lassen Sie uns heut das miserable Stück zu Ende spielen, tun Sie, als merken Sie gar nicht wie schlecht es ist, so wie ich nach Hause komme, setz' ich mich hin und schreibe eins für Sie nieder, das Ihnen gewiß gefällt. *(Er geht ab, einige klatschen.)*

> *(Gottlieb und Hinze treten auf.)*

Gottlieb. Lieber Hinze, es ist wahr, Du tust viel für mich, aber ich kann noch immer nicht einsehn, was es mir helfen soll.

Hinze. Auf mein Wort, ich will Dich glücklich machen.

Gottlieb. Bald, sehr bald muß es kommen, sonst ist es zu spät, es ist schon halb acht und um acht ist die Komödie aus.

Hinze. Was Teufel ist denn das?

Gottlieb. Ah, ich war in Gedanken, – sieh! wollt' ich sagen, wie schön die Sonne aufgegangen ist. – Der verdammte Souffleur spricht so undeutlich, und wenn man dann manchmal extemporieren will, geht's immer schief.

Hinze *(leise)*. Nehmen Sie sich doch zusammen, das ganze Stück bricht sonst in tausend Stücke.

Schlosser. Sagt mir nur, wie es ist, ich kann aus nichts mehr klug werden.

Fischer. Jetzt steht mir auch der Verstand stille.

Gottlieb. Also heut noch soll sich mein Glück entscheiden?

Hinze. Ja lieber Gottlieb, noch ehe die Sonne untergeht. – Sieh, ich liebe Dich so sehr, daß ich für Dich durchs Feuer laufen möchte, – und Du zweifelst an meiner Redlichkeit?

Wiesener. Haben Sie's wohl gehört? – Er wird durchs Feuer laufen. – Ah schön, da bekommen wir noch die Dekoration aus der Zauberflöte, mit dem Wasser und Feuer.

Nachbar. Katzen gehn aber nicht ins Wasser.

Wiesener. Desto größer ist ja des Katers Liebe für seinen Herrn, sehn Sie, das will uns ja der Dichter eben zu verstehn geben.

Hinze. Was hast Du denn wohl Lust zu werden in der Welt?

Gottlieb. Ach, das weiß ich selber nicht.

Hinze. Möchtest Du wohl Prinz oder König werden?

Gottlieb. Das noch am ersten.

Hinze. Fühlst Du auch die Kraft in Dir, ein Volk glücklich zu machen?

Gottlieb. Warum nicht? – Wenn ich nur erst glücklich bin.

Hinze. Nun, so sei zufrieden, ich schwöre Dir, Du sollst den Thron besteigen. *(Geht ab.)*

Gottlieb. Wunderlich müßt' es zugehn – doch kömmt ja in der Welt so manches unerwartet. *(Geht ab.)*

Bötticher. Bemerken Sie doch die unendliche Feinheit, wie der Kater immer seinen Stock hält.

Fischer. Sie sind uns schon längst zur Last, Sie sind noch langweiliger als das Stück.

Schlosser. Sie machen uns den Kopf erst noch recht konfuse.

Müller. Sie sprechen immer und wissen nicht was Sie wollen.

Viele Stimmen. Hinaus! hinaus! er ist uns zur Last. *(Ein Gedränge, Bötticher sieht sich genötigt das Theater zu verlassen.)*

Fischer. Mit seinen Feinheiten!

Schlosser. Er ärgerte mich immer, da er sich für solchen Kenner hielt.

(Freies Feld.)

H i n z e *(mit Tornister und Sack)*. Ich bin der Jagd ganz
gewohnt worden, alle Tage fang' ich Rebhühner, Kaninchen und dergleichen, und die lieben Tierchen kommen auch immer mehr in die Übung, sich fangen zu
lassen. – *(Er spreitet seinen Sack aus.)* Die Zeit mit den
Nachtigallen ist nun vorbei, ich höre keine einzige
singen.

      (Die beiden Liebenden treten auf.)

E r. Geh, Du bist mir zur Last.

S i e. Du bist mir zuwider.

E r. Eine schöne Liebe!

S i e. Jämmerlicher Heuchler, wie hast Du mich betrogen!

E r. Wo ist denn Deine unendliche Zärtlichkeit geblieben?

S i e. Und Deine Treue?

E r. Deine Wonnetrunkenheit?

S i e. Deine Entzückungen?

B e i d e. Der Teufel hat's geholt! – das kömmt vom Hei-
raten.

H i n z e. So ist die Jagd noch nie gestört worden, – wenn
Sie doch geruhen wollten, zu bemerken, daß dieses
freie Feld für Ihre Schmerzen offenbar zu eng ist und
irgend einen Berg besteigen.

E r. Schlingel! *(Er gibt Hinzen eine Ohrfeige.)*

S i e. Flegel! *(Gibt ihm ebenfalls eine Ohrfeige.)*

H i n z e *(knurret)*.

S i e. Ich dächte, wir ließen uns wieder scheiden.

E r. Ich stehe zu Befehl. – *(Die Liebenden gehn ab.)*

H i n z e. Niedliches Volk, die sogenannten Menschen. –
Sieh da, zwei Rebhühner, – ich will sie schnell hintra-
gen. – Nun, Glück, tummle dich, denn fast wird mir
auch die Zeit zu lang. – Jetzt hab' ich gar keine Lust
mehr, die Rebhühner zu fressen. So gewiß ist es, daß
wir durch bloße Gewohnheit unserer Natur alle mög-
lichen Tugenden einimpfen können. *(Geht ab.)*

*(Saal im Palast. Der König auf seinem Thron mit der
Prinzessin, Leander auf einem Katheder, ihm gegenüber
Hanswurst auf einem andern Katheder, in der Mitte des*

*Saals ist auf einer hohen Stange ein kostbarer Hut mit
Gold und Edelsteinen befestigt; der ganze Hof ist versammelt.)*

König. Noch nie hat sich ein Mensch um das Vaterland
    so verdient gemacht als dieser liebenswürdige Graf
    von Carabas. Einen dicken Folianten hat unser Hi-
    storiograph beinahe schon voll geschrieben, so oft hat
    er mir durch seinen Jäger niedliche und wohlschmek-
    kende Präsente übersandt, manchmal sogar an einem
    Tage zweimal. Meine Erkenntlichkeit gegen ihn ist
    ohne Grenzen und ich wünsche nichts so sehnlich, als
    irgend einmal eine Gelegenheit zu finden, etwas von
    meiner großen Schuld gegen ihn abzutragen.
Prinzessin. Liebster Herr Vater, wollten Dieselben
    nicht gnädigst erlauben, daß jetzt die gelehrte Dispu-
    tation ihren Anfang nehmen könnte? Mein Herz
    schmachtet nach dieser Geistesbeschäftigung.
König. Ja, es mag jetzt seinen Anfang nehmen. – Hof-
    gelehrter, – Hofnarr, – Ihr wißt beide, daß demjenigen
    von Euch, der in dieser Disputation den Sieg davon
    trägt, jener kostbare Hut beschieden ist; ich habe ihn
    auch deswegen hier aufrichten lassen, damit Ihr ihn
    immer vor Augen habt und es Euch nie an Witz ge-
    bricht. –

    (Leander und Hanswurst verneigen sich.)

Leander. Das Thema meiner Behauptung ist, daß ein
    neuerlich erschienenes Stück, mit dem Namen: der
    gestiefelte Kater, ein gutes Stück sei.
Hanswurst. Das ist eben das, was ich leugne.
Leander. Beweise, daß es schlecht sei.
Hanswurst. Beweise, daß es gut sei.
Leutner. Was ist das wieder? – Das ist ja eben das
    Stück, das hier gespielt wird, wenn ich nicht irre.
Müller. Kein andres.
Schlosser. Sagt mir nur, ob ich wache und die Augen
    offen habe?
Leander. Das Stück ist, wenn nicht ganz vortrefflich,
    doch in einigen Rücksichten zu loben.
Hanswurst. In keiner Rücksicht.
Leander. Ich behaupte, es ist Witz darin.

Hanswurst. Ich behaupte, es ist keiner darin.

Leander. Du bist ein Narr, wie willst Du über Witz urteilen.

Hanswurst. Und Du bist ein Gelehrter, was willst Du von Witz verstehn!

Leander. Manche Charaktere sind gut durchgeführt.

Hanswurst. Kein einziger.

Leander. So ist, wenn ich auch alles übrige fallen lasse, das Publikum gut darin gezeichnet.

Hanswurst. Ein Publikum hat nie einen Charakter.

Leander. Über diese Frechheit möcht' ich fast erstaunen.

Hanswurst *(gegen das Parterre)*. Ist es nicht ein närrischer Mensch? Wir stehn nun beide auf Du und Du, und sympathisieren in Ansehung des Geschmacks und er will gegen meine Meinung behaupten, das Publikum im gestiefelten Kater sei wenigstens gut gezeichnet.

Fischer. Das Publikum? Es kömmt ja kein Publikum in dem Stücke vor.

Hanswurst. Noch besser! Also kömmt gar kein Publikum darin vor?

Müller. Je bewahre, er müßte die mancherlei Narren meinen, die auftreten.

Hanswurst. Nun, siehst Du, Gelehrter! was die Herren da unten sagen, muß doch wohl wahr sein.

Leander. Ich werde konfus, – aber ich lasse Dir noch nicht den Sieg.

(Hinze tritt auf.)

Hanswurst. Herr Jäger, ein Wort! – *(Hinze nähert sich, Hanswurst spricht heimlich mit ihm.)*

Hinze. Wenn es weiter nichts ist. – *(Er zieht die Stiefeln aus und klettert die Stange hinauf, nimmt dann den Hut, springt dann hinunter, dann zieht er die Stiefeln wieder an.)*

Hanswurst. Sieg! Sieg!

König. Der Tausend! wie ist der Jäger geschickt!

Leander. Es betrübt mich nur, daß ich von einem Narren überwunden bin; daß Gelehrsamkeit vor Torheit die Segel streichen muß.

König. Sei ruhig, Du wolltest den Hut haben, er wollte

den Hut haben, da seh' ich nun wieder keinen Unterschied. – Aber was bringst Du, Jäger?

Hinze. Der Graf von Carabas läßt sich Ew. Majestät demütigst empfehlen, und überschickt Ihnen diese
beiden Rebhühner.

König. Zu viel! zu viel! – Ich erliege unter der Last
der Dankbarkeit! Schon lange hätt' ich meine Pflicht
tun sollen, ihn zu besuchen, heute will ich es nun nicht
länger aufschieben. – Laß geschwind meine Staats-
karosse in Ordnung bringen, acht Pferde vor, ich will
mit meiner Tochter ausfahren. – Du, Jäger, sollst uns
den Weg nach dem Schlosse des Grafen weisen. *(Geht
mit seinem Gefolge ab.)*
        (Hinze. Hanswurst.)

Hinze. Worüber war denn Eure Disputation?

Hanswurst. Ich behauptete, ein gewisses Stück, das
ich übrigens gar nicht kenne, der gestiefelte
Kater, sei ein erbärmliches Stück.

Hinze. So?

Hanswurst. Adieu, Herr Jäger. *(Geht ab.)*

Hinze *(allein)*. Ich bin ganz melancholisch. – Ich habe
selbst dem Narren zu einem Siege über ein Stück
verholfen, in dem ich die Hauptrolle spiele. – Schicksal! Schicksal! In welche Verwirrungen führst Du so
oft den Sterblichen? – Doch mag es hingehn! wenn ich
es nur dahin bringe, meinen geliebten Gottlieb auf den
Thron zu setzen, so will ich herzlich gern alles übrige
Ungemach vergessen. – Der König will den Grafen besuchen? das ist nun noch ein schlimmer Umstand, den
ich ins Reine bringen muß, nun ist der große wichtige
Tag erschienen, an dem ich Euch, Ihr Stiefeln, ganz
vorzüglich brauche. Verlaßt mich nun nicht, noch heute
muß sich alles entscheiden. *(Er geht ab.)*

Fischer. Sagt mir nur, wie das ist, – das Stück selbst, –
das kömmt wieder als Stück im Stücke vor, –

Schlosser. Ich bin ohne viele Umstände verrückt, –
sagt' ich's doch gleich, das ist der Kunstgenuß, den man
hier haben soll.

Leutner. So hat mich noch kein Trauerspiel angegrif-
fen, wie diese Posse.

(Vor dem Wirtshause.)

Der Wirt *(der mit einer Sense Korn mähet)*. Das ist eine schwere Arbeit! – Nun, die Leute können ja auch nicht alle Tage desertieren. Ich wollte nur, die Ernte wäre erst vorbei. Das Leben besteht doch aus lauter Arbeit, bald Bier zapfen, bald Gläser rein machen, bald einschenken, – nun gar mähen. Leben heißt arbeiten, – und einige Gelehrte sind in ihren Büchern nun gar noch so boshaft, daß sie den Schlaf aus der Mode bringen wollen, weil man um die Zeit nicht recht lebt. Ich bin aber ein großer Freund vom Schlaf.

(Hinze tritt auf.)

Hinze. Wer etwas Wunderbares hören will, der höre mir jetzt zu. – Wie ich gelaufen bin! – Erstlich von dem königlichen Palast zu Gottlieb, zweitens mit Gottlieb nach dem Palast des Popanzes, wo ich ihn gelassen habe, drittens von da wieder zum König, viertens lauf' ich nun vor dem Wagen des Königs wie ein Laufer her und zeige ihm den Weg. – He! guter Freund!

Wirt. Wer ist da? – Landsmann, Ihr müßt wohl fremde sein, denn die hiesigen Leute wissen's schon, daß ich um die Zeit kein Bier verkaufe, ich brauch's für mich selber, wer solche Arbeit tut, wie ich, muß sich auch stärken, es tut mir leid, aber ich kann Euch nicht helfen.

Hinze. Ich will kein Bier, ich trinke gar kein Bier, ich will Euch nur ein Paar Worte sagen.

Wirt. Ihr müßt wohl ein rechter Tagedieb sein, daß Ihr die fleißigen Leute in ihrem Beruf zu stören sucht.

Hinze. Ich will Euch nicht stören. – Hört nur: der benachbarte König wird hier vorüberfahren, er steigt vielleicht aus und erkundigt sich, wem diese Dörfer hier gehören? Wenn Euch Euer Leben lieb ist, wenn Ihr nicht gehängt oder verbrannt sein wollt, so antwortet ja: dem Grafen von Carabas.

Wirt. Aber Herr, wir sind ja dem Gesetz untertan.

Hinze. Das weiß ich wohl, – aber wie gesagt, wenn Ihr nicht umkommen wollt, so gehört diese Gegend hier dem Grafen von Carabas. *(Geht ab.)*

Wirt. Schön Dank! – das wäre nun die schönste Gelegenheit von aller Arbeit loszukommen, ich dürfte nur
dem Könige sagen, das Land gehöre dem Popanz. Aber
nein, Müßiggang ist aller Laster Anfang: Ora et labora
ist mein Wahlspruch.

(Eine schöne Kutsche mit acht Pferden, viele Bedienten
hinten, der Wagen hält, König und Prinzessin steigen
aus.)

Prinzessin. Ich fühle eine gewisse Neugier den Grafen zu sehn.

König. Ich auch, meine Tochter. – Guten Tag, mein
Freund. Wem gehören die Dörfer hier?

Wirt *(für sich).* Er frägt, als wenn er mich gleich wollte
hängen lassen. – Dem Grafen von Carabas, Ihro Majestät.

König. Ein schönes Land. – Ich habe aber immer gedacht, daß das Land ganz anders aussehn müßte,
wenn ich über die Grenze käme, so wie es auf der
Landkarte ist. – Helft mir doch einmal. *(Er klettert*
schnell einen Baum hinauf.)

Prinzessin. Was machen Sie, mein königlicher Vater?

König. Ich liebe in der schönen Natur die freien Aus-
sichten.

Prinzessin. Sieht man weit?

König. O ja, und wenn die fatalen Berge nicht wären,
würde man noch weiter sehn. – O weh, der Baum ist
voller Raupen. *(Er steigt wieder hinunter.)*

Prinzessin. Das macht, es ist eine Natur, die noch
nicht idealisiert ist, die Phantasie muß sie erst veredeln.

König. Ich wollte, Du könntest mir mit der Phantasie
die Raupen abnehmen. Aber steig ein, wir wollen weiter fahren.

Prinzessin. Lebe wohl, guter, unschuldiger Landmann. *(Sie steigen ein, der Wagen fährt weiter.)*

Wirt. Wie die Welt sich umgekehrt hat! – Wenn man
so in den alten Büchern liest, oder alte Leute erzählen
hört, so kriegte man immer Louisdore oder dergleichen, wenn man mit einem Könige, oder Prinzen
sprach. So ein König unterstand sich sonst nicht, den
Mund aufzutun, wenn er einem nicht gleich Goldstücke

in die Hand gab. – Aber jetzt! Wie soll man noch sein Glück unverhoffterweise machen, wenn es sogar mit den Königen nichts mehr ist? – Unschuldiger Landmann! Wollte Gott, ich wäre nichts schuldig, – das machen die neuen empfindsamen Schilderungen[45] vom Landleben – so ein König ist kapabel und beneidet unser einen. – Ich muß nur Gott danken, daß er mich nicht gehängt hat. Der fremde Jäger war am Ende unser Popanz selber. – Wenigstens kömmt es nun doch in die Zeitung, daß der König gnädig mit mir gesprochen hat. *(Geht ab.)*

(Eine andere Gegend.)

Kunz *(der Korn mäht).* Saure Arbeit! Und wenn ich's noch für mich täte, aber der Hofedienst! da muß man nun für den Popanz schwitzen, und er dankt es einem nicht einmal. – Es heißt wohl immer in der Welt, die Gesetze sind notwendig, um die Leute in Ordnung zu halten, aber warum da unser Gesetz notwendig ist, der uns alle auffrißt, kann ich nicht einsehn.

Hinze *(kömmt gelaufen).* Nun hab' ich schon Blasen unter den Füßen, – nun, es tut nichts, Gottlieb, Gottlieb muß dafür auf den Thron. – He! guter Freund.

Kunz. Was ist denn das für ein Kerl?

Hinze. Hier wird sogleich der König vorbeifahren, wenn er Euch frägt, wem dies alles gehört, so müßt Ihr antworten, dem Grafen von Carabas, sonst werdet Ihr in tausend Millionen Stückchen zerhackt. – Zum Besten des Publikums will es so das Gesetz.

Fischer. Zum Besten des Publikums?

Schlosser. Natürlich, weil sonst das Stück gar kein Ende hätte.

Hinze. Euer Leben wird Euch lieb sein. *(Geht ab.)*

Kunz. Das ist so, wie die Edikte immer klingen. Nun, mir kann's recht sein, wenn nur keine neuen Auflagen dadurch entstehen, daß ich das sagen soll. Man darf keiner Neuerung trauen.

---

45. Verspottet die Idyllentradition von Geßner bis Voss und Naturdichter wie Schmidt-Werneuchen (vgl. Krit. Schr. I, S. 82 f.).

*(Die Kutsche fährt vor und hält, König und Prinzessin
steigen aus.)*

König. Auch eine hübsche Gegend, wir haben doch
schon eine Menge recht hübscher Gegenden gesehn. –
Wem gehört das Land hier?

Kunz. Dem Grafen von Carabas.

König. Er hat herrliche Länder, das muß wahr sein, –
und so nahe an den meinigen, Tochter, das wäre so
eine Partie für Dich. Was meinst Du?

Prinzessin. Sie beschämen mich, Herr Vater. – Aber
was man doch auf Reisen Neues sieht, sagt mir doch
einmal, guter Bauer, warum haut Ihr denn da das
Stroh so um?

Kunz *(lachend)*. Das ist ja die Ernte, Mamsell Königin,
das Getreide.

König. Das Getreide? – Wozu braucht Ihr denn das?

Kunz *(lachend)*. Daraus wird ja das Brot gebacken.

König. Bitt' ich Dich ums Himmelswillen, Tochter, –
daraus wird Brot gebacken! – wer sollte wohl auf solche Streiche kommen? – Die Natur ist doch etwas Wunderbares. – Hier, guter Freund, habt Ihr ein klein
Trinkgeld, es ist heute warm. – *(Er steigt mit der Prinzessin wieder ein, der Wagen fährt fort.)*

Kunz. Wenn das nicht ein König wäre, sollte man fast
denken, er wäre dumm. – Kennt kein Getreide! – Nu,
man erfährt doch auch alle Tage mehr Neues. – Da hat
er mir ein blankes Goldstück gegeben, und ich will mir
gleich eine Kanne gutes Bier holen. *(Geht ab.)*

(Eine andere Gegend an einem Fluß.)

Gottlieb. Da steh' ich nun hier schon zwei Stunden
und warte auf meinen Freund Hinze. – Er kömmt
immer noch nicht. – Da ist er! aber wie er läuft, – er
scheint ganz außer Atem. –

(Hinze kömmt gelaufen.)

Hinze. Nun, Freund Gottlieb, zieh Dir geschwind die
Kleider aus.

Gottlieb. Die Kleider?

Hinze. Und dann springe hier ins Wasser –

Gottlieb. Ins Wasser?

Hinze. Und dann werf' ich die Kleider in den Busch –
Gottlieb. In den Busch?
Hinze. Und dann bist Du versorgt!
Gottlieb. Das glaub' ich selber, wenn ich ersoffen bin und die Kleider weg sind, bin ich versorgt genug.
Hinze. Es ist nicht Zeit zum Spaßen, –
Gottlieb. Ich spaße gar nicht, hab' ich darum hier warten müssen?
Hinze. Zieh Dich aus!
Gottlieb. Nun, ich will Dir alles zu Gefallen tun.
Hinze. Komm, Du sollst Dich nur ein wenig baden. *(Er geht mit ihm ab und kömmt dann mit den Kleidern zurück, die er in den Busch hineinwirft.)* – Hülfe! Hülfe! Hülfe!
    (Die Kutsche, der König sieht aus dem Schlag.)
König. Was gibt's denn, Jäger? – Warum schreist Du so?
Hinze. Hülfe, Ihro Majestät, der Graf von Carabas ist ertrunken!
König. Ertrunken!
Prinzessin *(im Wagen)*. Carabas!
König. Meine Tochter in Ohnmacht! – der Graf ertrunken!
Hinze. Er ist vielleicht noch zu retten, er liegt dort im Wasser.
König. Bediente! wendet alles, alles an, den edlen Mann zu erhalten.
Ein Bedienter. Wir haben ihn gerettet, Ihro Majestät.
Hinze. Unglück über Unglück, mein König. – Der Graf hatte sich hier in dem klaren Flusse gebadet, und ein Spitzbube hat ihm die Kleider gestohlen.
König. Schnallet gleich meinen Koffer ab, – gebt ihm von meinen Kleidern. – Ermuntre Dich, Tochter, der Graf ist gerettet.
Hinze. Ich muß eilen. – *(Geht ab.)*
Gottlieb *(in den Kleidern des Königs)*. Ihro Majestät –
König. Da ist der Graf! ich kenne ihn an meinen Kleidern! – Steigen Sie ein, mein Bester, – was machen Sie? – Wo kriegen Sie all die Kaninchen her? – Ich weiß mich vor Freude nicht zu lassen! – Zugefahren, Kutscher! – *(Der Wagen fährt schnell ab.)*

Ein Bedienter. Da mag der Henker so schnell hinauf kommen – nun hab' ich das Vergnügen, zu Fuße nachzulaufen und naß bin ich überdies noch wie eine Katze.

Leutner. Wie oft wird denn der Wagen noch vorkommen?

Wiesener. Herr Nachbar! – Sie schlafen ja.

Nachbar. Nicht doch, – ein schönes Stück!

(Palast des Popanzes. Der Popanz steht als Rhinozeros da, ein armer Bauer vor ihm.)

Bauer. Geruhn Ihro Gnaden, –

Popanz. Gerechtigkeit muß sein, mein Freund.

Bauer. Ich kann jetzt noch nicht zahlen –

Popanz. Aber Er hat doch den Prozeß verloren; das Gesetz fordert Geld und Seine Strafe, Sein Gut muß also verkauft werden: es ist nicht anders und das von Rechtswegen. *(Der Bauer geht ab.)*

Popanz *(der sich wieder in einen ordentlichen Popanz verwandelt).* Die Leute würden sonst allen Respekt verlieren, wenn man sie nicht so zur Furcht zwänge. *(Ein Amtmann tritt mit vielen Bücklingen herein.)*

Amtmann. Geruhen Sie, – gnädiger Herr – ich –

Popanz. Was ist Ihm, mein Freund?

Amtmann. Mit Ihrer gütigsten Erlaubnis, ich zittre und bebe vor Dero furchtbaren[46] Anblick.

Popanz. O, das ist noch lange nicht meine entsetzlichste Gestalt.

Amtmann. Ich kam eigentlich, – in Sachen – um Sie zu bitten, sich meiner gegen meinen Nachbarn anzunehmen, – ich hatte auch diesen Beutel mitgebracht, – aber der Anblick des Herrn Gesetzes ist mir zu schrecklich.

Popanz *(verwandelt sich plötzlich in eine Maus und sitzt in einer Ecke).*

Amtmann. Wo ist denn der Popanz geblieben?

Popanz *(mit einer feinen Stimme).* Legen Sie nur das Geld auf den Tisch dort hin, ich sitze hier, um Sie nicht zu erschrecken.

46. Schreibweise Tiecks.

Amtmann. Hier. – *(Er legt das Geld hin.)* O mit der Gerechtigkeit ist das eine herrliche Sache, – wie kann man sich vor einer solchen Maus fürchten? *(Geht ab.)*

Popanz *(nimmt seine natürliche Gestalt an).* Ein ziemlicher Beutel, – man muß auch mit den menschlichen Schwachheiten Mitleid haben.

(*Hinze tritt herein.*)

Hinze. Mit Ihrer Erlaubnis, – *(für sich)* Hinze, Du mußt Dir ein Herz fassen, – Ihro Exzellenz –

Popanz. Was wollt Ihr?

Hinze. Ich bin ein durchreisender Gelehrter und wollte mir daher die Freiheit nehmen, Ihro Exzellenz kennen zu lernen.

Popanz. Gut, nun so lern Er mich kennen.

Hinze. Sie sind ein mächtiger Fürst, Ihre Gerechtigkeitsliebe ist in der ganzen Welt bekannt.

Popanz. Ja, das glaub' ich wohl. – Setz Er sich doch!

Hinze. Man erzählt viel Wunderbares von Ihro Hoheit –

Popanz. Ja, die Leute wollen immer was zu reden haben, und da müssen denn die regierenden Häupter zuerst dran.

Hinze. Aber eins kann ich doch nicht glauben, daß Dieselben sich nämlich in Elefanten und Tiger verwandeln können.

Popanz. Ich will Ihm gleich ein Exempel davon geben. *(Er verwandelt sich in einen Löwen.)*

Hinze *(zieht zitternd eine Brieftasche heraus).* Erlauben Sie mir, daß ich mir diese Merkwürdigkeit notiere – aber nun geruhen Sie auch, Ihre natürliche anmutige Gestalt wieder anzunehmen, weil ich sonst vor Angst vergehe.

Popanz *(in seiner Gestalt).* Gelt, Freund, das sind Kunststücke?

Hinze. Erstaunliche. – Aber noch eins, – man sagt auch, Sie könnten sich in ganz kleine Tiere verwandeln, – das ist mir mit Ihrer Erlaubnis noch weit unbegreiflicher, denn sagen Sie mir nur, wo bleibt dann Dero ansehnlicher Körper?

Popanz. Auch das will ich machen. – *(Er verwandelt*

sich in eine Maus, Hinze springt hinter ihm her, Popanz
entflieht in ein andres Zimmer, Hinze ihm nach.)

Hinze *(zurückkommend)*. Freiheit und Gleich-
heit! – das Gesetz ist aufgefressen! Nun
wird ja wohl der Tiers état[47] Gottlieb zur
Regierung kommen.
       (Allgemeines Pochen und Zischen im Parterre.)
Schlosser. Doch also ein Revolutionsstück? – So sollte
man doch um des Himmelswillen nicht pochen.
(Das Pochen dauert fort, Wiesener und manche andre
klatschen, Hinze verkriecht sich in einen Winkel und geht
endlich gar ab. – Der Dichter zankt sich hinter der Szene
und tritt dann hervor.)
Dichter. Was soll ich anfangen? – Das Stück ist gleich
zu Ende, – alles wäre vielleicht gut gegangen, – ich
hatte nun grade von dieser moralischen Szene so vielen
Beifall erwartet. – Wenn es nur nicht von hier so weit
nach dem Palast des Königs wäre, so holt' ich den Besänftiger, er hat mir schon am Ende des zweiten Akts
alle Fabeln vom Orpheus deutlich gemacht, – aber bin
ich nicht ein Tor? – Ich bin ganz in Verwirrung ge-
raten, – das ist ja hier das Theater, und der Besänftiger
muß irgendwo zwischen den Kulissen stecken, – ich
will ihn suchen, – ich muß ihn finden, – er soll mich
retten. *(Er geht ab und kömmt schnell zurück.)* Dort
ist er nicht! – Herr Besänftiger! – Ein hohles Echo
spottet meiner, – er hat mich verlassen, seinen Dichter
– ha! dort seh' ich ihn, – er muß hervor. – *(Die Pau-*
sen werden immer vom Parterre aus mit Pochen aus-
gefüllt, und der Dichter spricht diesen Monolog rezita-
tivisch, so daß dadurch eine Art von Melodram ent-
steht.)
Besänftiger *(hinter der Szene)*. Nein, ich gehe nicht
vor.

47. *Tiers état* (Dritter Stand): Der junge Tieck im Banne J. F.
Reichardts begeisterte sich zunächst für die Französische Revolution
(vgl. u. a. den Brief vom 28. Dezember 1792 an Wackenroder), wurde
aber später zunehmend zum überzeugten Monarchisten. Bezeichnend
sein Argument, das Königtum sei auf dem „poetischen Standpunkt"
dem „Prosaismus" der Republik überlegen (Krit. Schr. IV, S. 378).

Dichter. Aber warum denn nicht?

Besänftiger. Ich habe mich ja schon ausgezogen.

Dichter. Das tut nichts. *(Er stößt ihn mit Gewalt hervor.)*

Besänftiger *(in seiner ordinären Kleidung und mit dem Glockenspiele hervortretend).* Nun, Sie mögen's verantworten. – *(Er spielt die Glocken und singt.)*

> In diesen heil'gen Hallen
> Kennt man die Rache nicht,
> Und ist ein Mensch gefallen
> Führt Liebe ihn zur Pflicht,
> Dann wandelt er an Freundes Hand
> Vergnügt und froh ins bessre Land[48].

(Das Parterre fängt an zu klatschen, indem verwandelt sich das Theater, das Feuer und das Wasser aus der Zauberflöte fängt an zu spielen, oben sieht man den offenen Sonnentempel, der Himmel ist offen und Jupiter sitzt darin, unten die Hölle mit Terkaleon, Kobolde und Hexen auf dem Theater, viel Lichter u.s.w. – Das Publikum klatscht unmäßig, alles ist in Aufruhr.)

Wiesener. Nun muß der Kater noch durch Feuer und Wasser gehn, und dann ist das Stück fertig.

(Der König, die Prinzessin, Gottlieb, Hinze und Bediente treten herein.)

Hinze. Das ist der Palast des Grafen von Carabas. – Wie, Henker, hat sich's denn hier verändert!

König. Ein schön Palais.

Hinze. Weil's denn doch einmal so weit ist, *(Gottlieb bei der Hand nehmend)* so müssen Sie erst hier durch das Feuer und dann dort durchs Wasser gehn.

Gottlieb *(geht nach einer Flöte und Pauke durch Feuer und Wasser).*

Hinze. Sie haben die Prüfung überstanden, nun, mein Prinz, sind Sie ganz der Regierung würdig.

Gottlieb. Das Regieren, Hinze, ist eine kuriose Sache.

König. Empfangen Sie nun die Hand meiner Tochter.

Prinzessin. Wie glücklich bin ich!

---

48. Aus Mozarts *Zauberflöte.*

Gottlieb. Ich ebenfalls. – Aber, mein König, ich wünschte meinen Diener zu belohnen.

König. Allerdings: ich erhebe ihn hiemit in den Adelstand. *(Er hängt dem Kater einen Orden um.)* Wie heißt er eigentlich?

Gottlieb. Hinze, seiner Geburt nach ist er nur aus einer geringen Familie, – aber seine Verdienste erheben ihn.

Leander *(schnell hervortretend).*

> Ich bin dem großen Kön'ge nachgeritten
> Und will um gütige Erlaubnis bitten,
> Daß ich mich darf in Poesie ergießen,
> Um so das wunderbare Stück zu schließen.
> Ins Lob der Kater möcht' ich mich verlieren,
> Der edelsten von allen jenen Tieren
> Die um uns gehn und stehn auf allen Vieren.
> Die Katzen waren einst Ägyptens Götter,
> Ein Kater war der großen Isis Vetter,
> Sie schützen jetzt noch Küche, Boden, Keller
> Und sind in allen Häusern weit reeller
> Von Nutzen, als vormals die alten Götzen,
> Drum laßt sie zu den Laren[49] uns versetzen.
> *(Getrommel. Der Vorhang fällt.)*

EPILOG

Der König *(tritt hinter dem Vorhang hervor).* Morgen werden wir die Ehre haben, die heutige Vorstellung zu wiederholen. –

Fischer. Welche Unverschämtheit! *(Alles pocht.)*

Der König *(gerät in Konfusion, geht zurück und kömmt dann wieder).* Morgen – Allzu scharf macht schartig[50].

Alle. Ja wohl! ja wohl! – *(Applaudieren, der König geht ab.)*

---

49. Römische (Haus-, Familien-)Schutzgötter.

50. Anspielung auf Ifflands Schauspiel *Allzu scharf macht schartig* (1794), seit 1793 in Berlin aufgeführt.

(Man schreit jetzt: – Die letzte Dekoration! die letzte Dekoration!)

Hinter dem Vorhange. Wahrhaftig! – Da wird die Dekoration hervorgerufen! *(Der Vorhang geht auf, das Theater ist leer, man sieht nur die Dekoration.)*
(Hanswurst tritt mit Verbeugungen hervor.)

Hanswurst. Verzeihen Sie, daß ich so frei bin, mich im Namen der Dekoration zu bedanken, es ist nicht mehr als Schuldigkeit, wenn die Dekoration nur halbweg höflich ist. Sie wird sich bemühen, auch künftig den Beifall eines erleuchteten Publikums zu verdienen, sie wird es daher gewiß weder an Lampen, noch an den nötigen Verzierungen fehlen lassen, der Beifall einer solchen Versammlung wird sie so anfeuern, – Sie sehen, sie ist von Tränen so gerührt, daß sie nicht weiter sprechen kann. – *(Er geht schnell ab und trocknet sich die Augen, einige im Parterre weinen, die Dekoration wird weggenommen, man sieht die kahlen Wände des Theaters, die Leute fangen an fortzugehn, der Souffleur steigt aus seinem Kasten, der Dichter erscheint demütig auf der Bühne.)*

Dichter. Ich bin noch einmal so frei –

Fischer. Sind Sie auch noch da?

Müller. Sie sollten ja nach Hause gegangen sein.

Dichter. Nur noch ein Paar Worte, mit Ihrer Erlaubnis; – mein Stück ist durchgefallen, –

Fischer. Wem sagen Sie denn das?

Müller. Wir haben's bemerkt.

Dichter. Die Schuld liegt vielleicht nicht ganz an mir –

Schlosser. An wem sonst? – Wer ist denn Schuld daran, daß ich noch immer etwas verrückt bin?

Dichter. Ich hatte den Versuch gemacht, Sie alle in die entfernten Empfindungen Ihrer Kinderjahre zurückzuversetzen, daß Sie so das dargestellte Märchen empfunden hätten, ohne es doch für etwas Wichtigeres zu halten, als es sein sollte.

Leutner. Das geht nicht so leicht, mein guter Mann.

Dichter. Sie hätten dann freilich Ihre ganze Ausbildung auf zwei Stunden beiseit legen müssen, –

Fischer. Wie ist denn das möglich?

Dichter. Ihre Kenntnisse vergessen –

Schlosser. Warum nicht gar!

Dichter. Eben so alles, was Sie von Rezensionen gelesen haben.

Müller. Seht nur die Forderungen!

Dichter. Kurz, Sie hätten wieder zu Kindern werden müssen.

Fischer. Aber wir danken Gott, daß wir es nicht mehr sind.

Leutner. Unsere Ausbildung hat uns Mühe und Angstschweiß genug gekostet.

(Man trommelt von neuem.)

Souffleur. Versuchen Sie ein Paar Verse zu machen, Herr Dichter, vielleicht bekommen sie dann mehr Respekt vor Ihnen.

Dichter. Vielleicht fällt mir eine Xenie[51] ein.

Souffleur. Was ist das?

Dichter. Eine neuerfundene Dichtungsart, die sich besser fühlen als beschreiben läßt. *(Gegen das Parterre.)*
Publikum, soll mich Dein Urteil nur einigermaßen belehren,
Zeige, daß Du mich nur einigermaßen verstehst.

(Es wird aus dem Parterre mit verdorbenen Birnen und Äpfeln und zusammengerolltem Papier nach ihm geworfen.)

Dichter. Nein, die Herren da unten sind mir in dieser Dichtungsart zu stark; ich ziehe mich zurück. *(Er geht ab, die übrigen gehn nach Hause. Völliger Schluß.)*

---

51. Schillers und Goethes *Xenien* erschienen im Herbst 1796, in Schillers *Musenalmanach für 1797*, mit scharfen Angriffen auch auf Tiecks Mentor J. F. Reichardt.

ZUR QUELLE UND TEXTGESTALT

Der *Gestiefelte Kater* erschien 1797 im 2. Band der
Volksmärchen von Peter Leberecht (ein Pseudonym
Tiecks) und im gleichen Jahr noch in zwei gleichlauten-
den Einzelausgaben, die eine (auf Veranlassung des Ver-
legers) mit einem mystifizierenden Zusatz zum Titel:
„Der gestiefelte Kater. Kindermärchen in drei Akten,
mit Zwischenspielen, einem Prologe und Epiloge. Aus
dem Italienischen. Erste unverbesserte Auflage. Bergamo
1797, auf Kosten des Verfassers. In Kommission bei
Onorio Senzacolpa" und weiteren scherzhaften Bemerkungen; die andere mit gleichem Titel und der Ver-
fasser- und Verlagsangabe „von Peter Leberecht. Berlin 1797 bei Karl Aug. Nicolai". Die zweite, erweiterte
Fassung erschien 1812 im *Phantasus* und ist in die
Schriften, Bd. 5, eingegangen. Da eine historisch-kritische
Ausgabe fehlt, wurde in der Schreibweise Quellennähe
gewahrt, der Modernisierung eine relativ enge Grenze
gesetzt. Wir folgen den Erstausgaben der ersten Fassung
in der Zusammen- und Getrennt- wie in der Groß- und
Kleinschreibung und in der Interpunktion. Im übrigen
wurde die Orthographie unter Wahrung des Lautstandes
modernisiert. Von dieser Regel gelten nachstehende Aus-
nahmen: Die Darbietung der Regieanweisungen wurde
vereinheitlicht, indem *alle* Anweisungen eingeklammert
wurden; ergab sich dadurch eine Binnenklammer, wurde
sie eckig gesetzt; kurze Anweisungen in Form von Satz-
gliedern beginnen einheitlich je mit kleinem, vollständige
Sätze einheitlich je mit großem Buchstaben. Bei der Auf-
zählung der auftretenden Personen wurden Punkte zwischen den Namen durch Kommata ersetzt, wenn die dar-
auffolgenden Angaben sich jeweils auf alle Personen
beziehen. – Im Dialog wurden die Anredepronomina einheitlich groß geschrieben. Die von Tieck auch für die
zweite Person bevorzugte Großschreibung weicht von
Adelungs zeitgenössischem *Lehrgebäude* ab. Ferner wurden einige Stellen geändert, wo Tieck ausnahmsweise von
seiner eigenen (auch heutigen Regeln entsprechenden)
Übung in diesem Stück abgewichen war.

LITERATURHINWEISE

Ausgaben

(s. auch die Quellenangaben)

Ludwig Tieck's Schriften. 28 Bde. Berlin 1828–54.
Ludwig Tieck's Kritische Schriften. Hrsg. von Rudolf Köpke. 4 Bde. Leipzig 1848–52.
Tiecks Werke. Hrsg. von Gotthold Ludwig Klee. Krit. durchges. und erl. Ausg. 3 Bde. Leipzig/Wien 1892.
Tiecks Werke. Auswahl in sechs Teilen. Hrsg., mit Einl. und Anm. vers. von Eduard Berend. Berlin/Leipzig [u. a., o. J.].
Ludwig Tieck: Der gestiefelte Kater. In: Deutsche Literatur in Entwicklungsreihen. Reihe Romantik. Bd. 9: Satiren und Parodien. Bearb. von Andreas Müller. Leipzig 1935.
Ludwig Tieck. Hrsg. von Hermann Kasack und Alfred Mohrhenn. 2 Bde. Berlin 1943. [Teilsamml. mit zeitgenössischen Stimmen.]
Ludwig Tieck: Werke in vier Bänden. Nach dem Text der „Schriften" von 1828–1854, unter Berücksichtigung der Erstdrucke, hrsg. sowie mit Nachw. und Anm. vers. von Marianne Thalmann. München 1963–66.

Ludwig Tieck. Hrsg. von Uwe Schweikert. 3 Tle. München 1971. (Dichter über ihre Dichtungen. 9.)

Forschungsliteratur

Arntzen, Helmut: Die ernste Komödie. Das deutsche Lustspiel von Lessing bis Kleist. München 1968.
Benay, Jeanne: Le Théâtre de Ludwig Tieck: Tradition et Révolution. In: Revue d'Allemagne 12 (1980) S. 545–566.
Beyer, Hans Georg: Ludwig Tiecks Theatersatire „Der gestiefelte Kater" und ihre Stellung in der Literaturgeschichte. Diss. München 1960. [Mit ausführlichem Literaturverzeichnis.]
Brummack, Jürgen: Satirische Dichtung. Studien zu Friedrich Schlegel, Tieck, Jean Paul und Heine. München 1979.
Feldmann, Helmut: Die Fiabe Carlo Gozzis. Die Entstehung einer Gattung und ihre Transposition in das System der deutschen Romantik. Köln/Wien 1971.
Frank, Manfred: Das Problem „Zeit" in der deutschen Romantik. Zeitbewußtsein und Bewußtsein von Zeitlichkeit in der frühromantischen Philosophie und in Tiecks Dichtung. München 1972.
Günther, Hans: Romantische Kritik und Satire bei Ludwig Tieck. Leipzig 1907.
Günzel, Klaus: König der Romantik. Das Leben des Dichters Ludwig Tieck in Briefen, Selbstzeugnissen und Berichten. Berlin 1981. Lizenzausg.: Tübingen 1981.

Heimrich, Bernhard: Fiktion und Fiktionsironie in Theorie und Dichtung der deutschen Romantik. Tübingen 1968.

Hinck, Walter: Das deutsche Lustspiel des 17. und 18. Jahrhunderts und die italienische Komödie. Stuttgart 1965.

Immerwahr, Raymond: The Esthetic Intent of Tieck's Fantastic Comedy. Washington 1953.

Kluge, Gerhard: Spiel und Witz im romantischen Lustspiel. Diss. Köln 1963.

Köpke, Rudolf: Ludwig Tieck. Erinnerungen aus dem Leben des Dichters. Leipzig 1855.

Kokott, Jörg Henning: Das Theater auf dem Theater im Drama der Neuzeit. Eine Untersuchung über die Darstellung der theatralischen Aufführung durch das Theater auf dem Theater in ausgewählten Dramen von Shakespeare, Tieck, Pirandello, Genet, Ionesco und Beckett. Diss. Köln 1968.

Kreuzer, Helmut: Tiecks „Gestiefelter Kater". In: Deutschunterricht 15 (1963) H. 6. S. 33–44.

Marelli, Adriani: Ludwig Tiecks frühe Märchenspiele und gozzische Manier. Eine vergleichende Studie. Diss. Köln 1968.

Minder, Robert: Un poète romantique allemand: Ludwig Tieck. Paris 1936.

Nef, Ernst: Mittel der Illusionszerstörung bei Tieck und Brecht. In: Zeitschrift für deutsche Philologie 83 (1964) S. 191–215.

Pestalozzi, Karl: Kommentar zum Neudruck von Tiecks „Die verkehrte Welt". Berlin 1964. (Komedia. 7.)

– Der gestiefelte Kater. In: Die deutsche Komödie. Vom Mittelalter bis zur Gegenwart. Hrsg. von Walter Hinck, Düsseldorf 1977. S. 110–126.

Ribbat, Ernst: Ludwig Tieck. Studien zur Konzeption und Praxis romantischer Poesie. Kronberg i. Ts. 1978.

– Poesie und Polemik. Zur Entstehungsgeschichte der romantischen Schule und zur Literatursatire Ludwig Tiecks. In: Romantik. Ein literaturwissenschaftliches Studienbuch. Hrsg. von E. R., Königstein i. Ts. 1979. S. 58–79.

Staiger, Emil: Stilwandel. Zürich 1963.

Strohschneider-Kohrs, Ingrid: Die romantische Ironie in Theorie und Gestaltung. Tübingen 1960. ²1977.

Thalmann, Marianne: Ludwig Tieck. Der romantische Weltmann aus Berlin. Bern/München 1955.

– Der Manierismus in Ludwig Tiecks Literaturkomödien. In: Literaturwissenschaftliches Jahrbuch 5 (1964) S. 345–351.

– Provokation und Demonstration in der Komödie der Romantik. Berlin 1974.

Zeydel, Edwin H.: Ludwig Tieck. The German Romanticist. Princeton 1935.

NACHWORT

Ludwig Tieck (31. Mai 1773 – 28. April 1853), der vielseitigste, fruchtbarste und urbanste Dichter der deutschen Romantik, hat als ein exemplarischer homme de lettres ein langes Leben in den Dienst der Kunst, nicht zuletzt in den Dienst an der Kunst der anderen gestellt. Mehrere literarische Epochen verbindet sein Leben und Schaffen (von Heinse über Heine zu Heyse – um ein Wortspiel Robert Minders zu zitieren). Zu seinen Lebzeiten war er berühmt, geehrt, anregend und ausstrahlungsmächtig wie wenige; und wenn er nach seinem Tod auch viel von seiner literarischen Geltung verloren hat (die freilich niemals unbestritten gewesen war), so ist die Geschichte seiner Wirkung doch bis heute nicht abgeschlossen; gerade unser Jahrhundert hat sie um neue und interessante Kapitel bereichert. Auch in ihm hat zwar die klassizistische Kritik einflußreiche Repräsentanten (in Gelehrten wie Friedrich Gundolf und Emil Staiger); aber Historiker und Theoretiker, die den ‚Manierismus‘ und die künstlerische ‚Ironie‘ erforschen, die geschichtlichen Ursprünge der Theorie oder der Vorformen gegenstandsloser Lyrik und des anti-illusionistischen Theaters, haben das literarische Interesse von neuem auf ihn gelenkt, und nicht wenige, nicht unwichtige Dichter berufen sich auf ihn oder werden, als moderne Verwandte, mit ihm verglichen: Erben der romantischen Tradition wie Hesse, ‚Avantgardisten‘ von den französischen Surrealisten bis zu Arno Schmidt, von Pirandello bis zu ‚absurder‘ und ‚experimenteller‘ Dramatik der zweiten Jahrhunderthälfte.

Die Spannungen seines zwischen Reflexion und Phantasiebesessenheit, Gläubigkeit und Skepsis gestellten Wesens erscheinen mitbedingt von der Gegensätzlichkeit der Eltern und von Kindheitseindrücken. Der Vater war ein grundbürgerlicher Berliner Seilermeister, weltläufig, von literarischer Bildung und aufgeklärtem Sinn, die Mutter eine fromme Frau aus dem Brandenburgischen. Diese zog das Kind (und seine Geschwister: Friedrich, den späteren Bildhauer, und Sophie, die spätere Gattin des Schriftstellers Bernhardi) mit Bibel und Gesangbuch auf, jener nahm es schon früh ins Marionettentheater mit und las ihm Goethes *Götz von*

Berlichingen vor, ein Werk, das „die junge Seele ... mächtig
ergriff und ihr den tiefsten Eindruck für das Leben gab"
(Köpke). So stand schon die Kindheit Tiecks im Zeichen von
Buch und Bühne – es wurde und blieb die bestimmende
Signatur seiner Existenz. Als Schüler des Werderschen
Gymnasiums fand er nicht nur den innigsten Freund: Wak-
kenroder, sondern entdeckte er auch schon die großen Dichter, denen er lebenslang die Treue hielt: Shakespeare, dem er
eine Fülle von Studien widmen sollte, an dessen ‚klassisch‘
gewordener Übersetzung er, als Berater seiner Tochter Do-
rothea und des Grafen Baudissin, am Rande mitgewirkt hat,
und Cervantes, dessen *Don Quijote* er um die Jahrhundert-
wende neu übersetzte. In seiner Gymnasialzeit wurde er
auch bereits ins literarische Handwerk eingeführt (durch die
Mitarbeit an Romanen seines Lehrers Rambach), und in
rascher Produktion schuf er frühreife Jugendwerke, in denen sich bei aller Phantastik eigene Problematik nieder-
schlug. Schon vorher hatte Tieck im Haus des berühmten
Kapellmeisters Reichardt (dessen junge Schwägerin, Amalie
Alberti, er später heiratete) Zugang gefunden, einem Zentrum der intellektuellen Gesellligkeit, und war damit in die
soziale Welt eingetreten, der er von nun an verhaftet blieb,
sei es als Gast im „Dachstübchen" Rahel Levins, als Mitglied
der Jenaer Romantik oder, im höheren Alter, als Mittel-
punkt eigener Kreise.

Da der Vater sich einer Bühnenlaufbahn des schauspiele-
risch begabten Sohnes widersetzte, bezog Tieck – kein un-
beugsamer, kein tragischer Charakter – die Universität in
Halle (1792), später in Göttingen und Erlangen (1793).
Gemeinsam mit Wackenroder erlebte er in Nürnberg die
Schönheit der fränkischen Landschaft, der mittelalterlichen
Stadt und der altdeutschen Kunst – auf Wanderungen, die
ein Keim für Grundwerke der jungen romantischen Bewegung wurden: für die *Herzensergießungen eines kunstlie-
benden Klosterbruders* (1797), die *Phantasien über die Kunst*
(beide mit Zusätzen Tiecks, das zweite 1799 von ihm aus
dem Nachlaß des Freundes herausgegeben), für *Franz Stern-
balds Wanderungen* (1798), einen lyrisch getönten Bildungs-
roman Tiecks (auf den Spuren des *Wilhelm Meister*), der den
reichen Traditionszusammenhang der modernen Künstler-

literatur mitbegründet hat. Eine andere Seite seines zwiespältigen Wesens hatte er einige Jahre zuvor in der *Geschichte des Herrn William Lovell* offenbart, einem Briefroman, zeittypisch nach Form und Motiven und doch kritische Objektivierung persönlichster Gefährdungen durch einen (bis heute virulent und historisch symptomatisch gebliebenen) Subjektivismus und Nihilismus, den er freilich – anders als sein Held – im eigenen Leben durch sichernde Gegenkräfte – Kunstreligion, praktische Vernunft und distanzierende Ironie – auszubalancieren verstand.

Der *Lovell* erschien im Verlagshaus Nicolai, mit dem Tieck in enge geschäftliche Verbindung getreten war. Für den älteren Nicolai setzte er die (von Musäus begonnenen) *Straußfedern* fort (eine Sammlung moralisch-satirischer Erzählungen), für dessen Sohn gab er unter dem Pseudonym Peter Leberecht drei Bände *Volksmärchen* heraus (1797), in die er nicht nur ein Werk eigenster Erfindung aufnahm: das Novellenmärchen *Der blonde Eckbert*, sondern auch zwei eigene Theaterstücke mit Stoffen aus den *Contes de ma mère l'Oie* von Charles Perrault: den *Ritter Blaubart* und den *Gestiefelten Kater*[1], so daß ausgerechnet ein repräsentativer Verlag der späten Aufklärung zum Geburtshelfer charakteristischer Produkte der Frühromantik wurde – ein Umstand, der nicht schlecht zur geschichtlichen Rolle des jungen Tieck (und seines *Gestiefelten Katers*) paßt[2].

Der *Blaubart* – ein teilweise spannendes Horrorstück mit brillanten komischen Episoden und einer Tendenz zur Selbstpersiflage – hat einige Züge mit dem *Kater* gemein: die – für Tieck charakteristische – improvisatorische Entstehung (beide Stücke wurden jeweils fast ganz in *einer* Nacht geschrieben), den Märchenstoff, die ‚offene‘ Form (mit nahezu selbständigen Einlagen), die ironische Note, satirisch-parodistische Anspielungen auf Poeten und Philosophen der Zeit. Im wesentlichen ist der *Kater* jedoch etwas anderes: ungeachtet der Abhängigkeit von mancher-

---

1. Tieck scheint *Le chat botté* von Perrault in der deutschen Übersetzung im ersten Band der *Blauen Bibliothek der Nationen* (1790) kennengelernt zu haben.
2. In die folgenden Absätze ist ein älterer Aufsatz des Verfassers eingegangen (s. Bibl.); der Text wurde 1983 durchgesehen und revidiert.

lei Mustern[3] (Tieck bedurfte literarischer Stimulantien) etwas Neues und zugleich ein Grenzfall in der Geschichte des Lustspiels.

Tieck schuf mit dem *Gestiefelten Kater* eine zu seiner Zeit hochaktuelle Satire, die als „Schauspiel eines Schauspiels" (mit A. W. Schlegel zu sprechen) konzipiert ist, genauer gesagt: als Theaterstück, dessen einziger Inhalt ein mißglückender Theaterabend ist, der halb scheiternde Versuch einer fiktiven Theatertruppe, das Märchenstück eines fiktiven Autors vor einem fiktiven Publikum aufzuführen. Das „Stück im Stück" ist nicht der ‚Kern', das übrige nicht der ‚Rahmen'; denn jenes ist nicht als kleinere Einheit aus dem Ganzen herauszulösen, einmal weil es (sei es durch den Willen des „Dichters" oder die extemporierende Laune der Schauspielerfiguren) sich selber auf die anderen Spielbereiche bezieht, direkt über sie reflektiert, zum andern weil es vom Verlauf des Spiels, das sich zwischen den (gedichteten) Zuschauern, Schauspielern, dem übrigen Theaterpersonal und dem Dichter entfaltet, betroffen, während seiner Aufführung deformiert wird, so daß seine ‚eigentliche', vom fiktiven Autor intendierte Gestalt (nach der zu fragen natürlich sinnlos wäre) gar nicht ‚rein' erscheint. Was den Lustspielzusammenhang konstituiert (von einer ‚Handlung' läßt sich nicht sprechen), ist also die Wechselwirkung zwischen den verschiedenen Spielparteien diesseits und jenseits der „Rampe" (der Rampe innerhalb des Stücks), eine Wechselwirkung, die Balanceakte auf einem Grenzpunkt zwischen Tiefsinn und Unsinn, ein geistreich-witziges Spiel mit der Illusion, mit mehreren Spielebenen und Rollendimensionen, mit ontologischen und soziologischen Gegebenheiten des Theaters ermöglicht und in ihm die romantische Ironie einer Zirkelstruktur realisiert – als Spiegelung des Stücks im Stück, als Selbstbespiegelung des Tieckschen Gesamtstückes

3. Von besonderer Bedeutung ist der Einfluß von Beaumont und Fletcher, Gozzi, Ben Jonson und Holberg. Weitere Muster stammten von Klinger, Goethe, Lessing, Chr. F. Weiße, Shakespeare, Hans Sachs, Aristophanes und aus dem Bereich der Stegreifkomödie. Nähere Angaben bei Beyer und in der dort angegebenen Spezialliteratur; vgl. auch Marelli und Feldmann. Kleine Vorläufer in Tiecks eigenem Werk sind die 1795 und 1796 geschriebenen Spiele *Hanswurst als Emigrant* und *Ein Prolog*.

und als Selbstbespiegelung des Theaters überhaupt, das seine eigene vielfältige Bedingtheit parodistisch hervorkehrt.

Am stärksten sind die verschiedenen Spielbereiche durch die Figur des „Dichters" verzahnt. Gelegentlich (nur gelegentlich) wird er zum direkten Sprachrohr Tiecks, so wenn er sich im Prolog an das fiktive (und Tieck durch ihn sich an das reale) Publikum wendet und *sein* (im Sinne Tiecks aber das *ganze*) Stück ankündigt als einen Versuch, „durch Laune, wenn sie mir gelungen ist, durch Heiterkeit, durch wirkliche Possen zu belustigen, da unsre neuesten Stücke so selten zum Lachen Gelegenheit geben". Sein Stück soll „Sie alle in die entfernten Empfindungen Ihrer Kinderjahre" zurückversetzen, schlägt aber keinen naiven Märchenton an (so wenig wie etwa Tiecks *Ritter Blaubart*), sondern experimentiert mit dem geläufigen Stoff. Punktuell travestierend, mit Gegensätzen spielend, ‚Wunderbares' und Prosaisches verbindend, ist das ‚Stück im Stück' durchaus geeignet, eine unernste Stimmung hervorzubringen, als Mitträger launiger Satire und als Mitelement eines Theaterscherzes zu dienen.

Das Ende des dritten Akts zeigt die verbindende Spielfunktion des „Dichters" besonders deutlich, wenn dieser sich zunächst „hinter der Szene" zankt, dann hervortritt, traurig über sein Stück und die Reaktion des aufgebrachten „Publikums" monologisiert und sich plötzlich in die potenziert fiktive und gesteigert irreale Märchenwelt verirrt („Wenn es nur nicht von hier so weit nach dem Palast des Königs wäre, so holt' ich den Besänftiger", womit er dessen Rollenfunktion auch in die Schein-Realität überträgt), sich als von seiner gedichteten Figur verlassenen Dichter beklagt und endlich den Darsteller des „Besänftigers" entdeckt (der sich „schon ausgezogen" hat) und ihn nötigt, „in seiner ordinären Kleidung und mit dem Glockenspiele" hervorzutreten (wodurch in den Requisiten die Konfusion der Spielebenen sinnfällig wird) und den Aufruhr des „Publikums" in Applaus zu verwandeln.

Charakteristisch, daß das „Pochen" des „Publikums" in jener Szene ausdrücklich auf die Sprechpausen des „Dichters" beschränkt und dessen Verwirrungs- und Verzweiflungsmonolog „rezitativisch" vorzutragen ist, so daß das inhaltliche Gegeneinander sich formal als künstliches Miteinander präsentiert und gleichzeitig ein berechneter (hier komisch wirkender) Widerspruch zwischen der Darbietungsweise und den ausgedrückten Affekten entsteht (und dergestalt ein Verfremdungsmittel Brechts vorweggenommen wird, aus einer anderen, einer prägnant artistischen Haltung, die, ihrer selbst bewußt, die Mittel der ‚Kunst' hervorzukehren und die Kluft zwischen Kunstschein und Wirklichkeit permanent bewußt zu machen trachtet).

Natürlich partizipieren auch die anderen Hauptrollen an dem „Spiel mit dem Spiele" (wie es im *Phantasus* genannt wird): Gottlieb, wenn er im dritten Akt besorgt ist, das königliche Glück werde ihn nicht mehr rechtzeitig erreichen, weil es „schon halb acht" und „die „Komödie" bald aus ist; der König, wenn er sich mit dem fremden Prinzen (der nach allen Regeln der Wahrscheinlichkeit in einer fremden Sprache sprechen müßte) über die Unnatürlichkeit ihrer ungehemmten Dialoge und herausfordernd über das „Publikum" unterhält; der Hanswurst, wenn er sich außerhalb des Stücks im Stück „als bloßer Schauspieler" an das „Publikum" wendet und doch ganz und gar Hanswurst bleibt, noch im Aus-der-Rolle-Fallen der Rolle folgend, die das Stück im Stück ihm auferlegt; der Kater, wenn er dem Hanswurst in der „Disputation" über „ein neuerlich erschienenes Stück, mit dem Namen: d e r g e s t i e f e l t e K a t e r", hilft, in dem nach Meinung des Hofgelehrten Leander das „Publikum" gut „gezeichnet" ist, während nach der Meinung des „Publikums" ein Publikum darin gar nicht vorkommt: „Je bewahre, er müßte die mancherlei Narren meinen, die auftreten." Nach der Disputation wird Hinze „ganz melancholisch", weil er „selbst dem Narren zum Siege über ein Stück verholfen, in dem ich die Hauptrolle spiele. – Schicksal! Schicksal! In welche Verirrungen führst Du so oft den Sterblichen?"

Auch andere Katerszenen sind unter unserem Gesichtspunkt besonders ergiebig. Nicht zufällig: Da der Kater im Märchen einen Jäger vorzustellen hat, gewinnt sein Darsteller eine zusätzliche Möglichkeit des immanenten „Rollen"-Wechsels. Daß er als *Jäger* auftritt, schützt ihn nicht vor der *Katzen*gier nach einer Nachtigall, deren Qualität der Katzen-*Darsteller* an derselben Stelle daraus ableitet, daß sie trotz des Trommelns im Parkett so herrlich weitersinge. In der Tumult-Szene, in der alle anderen Schauspieler auf der Bühne laut Regieanweisung ihre Märchenrollen „vergessen" (zu vergessen haben!), vergißt auch er zwar sein fingiertes Jägertum, nicht aber seine fiktive Katerart: Der vom „Publikum" erschreckte „Schauspieler" kletterte katzenhaft auf eine Säule, was er ‚eigentlich' weder als der Kater noch als der Jäger des Märchens, noch gar als der ‚menschlich' aus der Rolle fallende „Schauspieler" tun dürfte. So erfüllt er seine Rolle im Gesamtstück, indem er ihre Kater- wie ihre „Schauspieler"-Dimension in ein und demselben Vorgang sowohl festhält als auch verliert.

Wenn das ‚aufgeklärte' „Publikum" nicht glauben mag, daß solch unvernünftiges Theater den Vernünftigen „illudieren" könne und doch sogar durch Szenen „illudiert" wird, die gar nicht zum „Stück" gehören („Sind Sie also illudiert gewesen, so ist es wahrlich um so schlimmer, sein Sie dann nur so gütig, diese Täuschung aus sich wieder auszurotten . . ."), wenn es über dem Spiel mit der Illusion ganz „toll" wird und auf einer „vernünftigen" Illusion besteht, so fügt sich dies ohne Reibung der Spielidee wie den aggressiven Intentionen der Parodie und der Satire, die sich jedoch nicht nur auf alle Bereiche des Theaters erstrecken (mit deutlichem Schwerpunkt auf der Attacke – ein Novum im deutschen Drama – gegen das zeitgenössische Publikum), sondern noch als reine Literatursatire und als allgemeine Aufklärungssatire in Erscheinung treten (z. B. in der Zeichnung des Hofgelehrten Leander). Tieck bedient sich dem Publikum gegenüber der ‚mimischen Satire': Er bildet es scheinbar getreu nach, läßt es sich selber spielen und vermag dennoch, als stelle es sich selber bloß, es karikierend dem Gelächter preiszugeben. „Alle meine Erinnerungen, was ich zu verschiedenen Zeiten im Parterre, in den Logen, oder den Salons gehört hatte, erwachten wieder, und so entstand und ward in einigen heitern Stunden dieser Kater ausgeführt."

Dergestalt verschießt Tieck „Spöttereien rechts und links und nach allen Seiten wie leichte Pfeile" (A. W. Schlegel), so daß nur ein Teil von ihnen auch die skizzierte Spielidee trägt (die die überzeitliche Lustspielwirkung ermöglicht, aber offenbar nicht alle Werkelemente einheitsstiftend regieren soll). Das gilt noch mehr als von der ersten von der – im einzelnen mit Witz – erweiterten zweiten Fassung von 1811, in der Anspielungen auf literarische Novitäten der Zwischenjahre (wie die Dramen Zacharias Werners) einbezogen sind und die Rolle „Böttichers" stark verbreitert ist.

Durch diese Rolle wird das Stück zur direkten Personalsatire, obwohl „Bötticher" einen Typus (und nicht nur ein Individuum: den Weimarer Literaten Böttiger) repräsentiert. Er figuriert als hilfloser Kritiker, der mit dem Selbstbewußtsein des feinsinnigen Kenners und des fußnotenfreudig pedantischen Gelehrten ausgestattet ist, aber nur Hohn und Spott des Publikums erntet und verdient, weil er über der Bewunderung unwesentlicher Details nicht zum Wesentlichen vordringt und auf den Umwegen sich verselbständigender gelehrter Exkurse nie zu seinem Ziele gelangt.

Mit den Zügen, die sich aus der Gestaltidee ergeben, und den scheinbar nur abbildenden zeitsatirischen Karikaturen sind die komischen Charaktere und Motive noch nicht erschöpft. Der phlegmatisch pralle König etwa (einer der ersten komischen Könige des deutschen Lustspiels) erscheint als dankbare Lustspielrolle schon durch seine Verfressenheit und das selbstsichere Behagen an ihr, mit der Kombination von schlagender Dummheit und durchblitzender Einsicht, mit seinen reichen Möglichkeiten mimischgestischen Spiels (in seinem „Zufall" [= Anfall] wie im Umgang mit mancherlei Requisiten – Insignien, Kaninchen, Kutsche, Baum usw.).

Als Kontrastfigur ist ihm die Prinzessin zugeordnet, die in der Grammatik nicht sattelfest ist, aber fürs Intellektuelle schwärmt und die Modebücher der Zeit auf ihre Art noch einmal schreibt – wie Tieck überhaupt eine glückliche Hand darin zeigt, sprachlich und motivisch kontrastierende Rollen paarweise aufeinander zu beziehen: so vor allem Kater und Gottlieb, Hanswurst und Leander, aber auch einzelne Publikumsrollen. Ein Beispiel für die sprachlichen Mittel, die Dialoge eines solchen Paares in ein komisches Licht zu rücken, ist der Gegensatz zwischen dem weitgespannten „vernünftigen" Räsonnement des Katers und den einfältigen Lakonismen seines Herrn, die sich selten über ein (nicht eben biblisches) Ja, Ja, Nein, Nein hinaustrauen. Aber auch die Einzelfiguren selbst verlieren in kontrastierenden Handlungen und Attitüden die den Modegattungen jeweils gemäße ‚Einheit des Charakters‘ – so daß der König einmal als Tyrann, einmal als zärtlicher Familienvater agieren kann, was jede genrespezifische Erwartung zerstört (sei diese nun am „Revolutionsstück" oder am „Familiengemälde" orientiert) und das Publikum dementsprechend irritiert, das nicht gewillt ist, seine literarische „Ausbildung" (sie „hat uns Mühe und Angstschweiß genug gekostet") „auf zwei Stunden" beiseite zu legen (vgl. den Epilog). Andere, besonders hervorstechende sprachliche Mittel sind Wortwitz und Wortspiel, die literarische Anspielung durch Titel und Zitate. Nicht weniger auffällig sind die Funktion des ‚Geredes‘ vor allem an den Publikumsrollen, die satirisch entlarvende Anwendung unpersönlicher (und doch ihre Benutzer persönlich bloßstellender) Gemeinplätze und Modewörter, und der sprachliche (zugleich motivische) Wechselbezug zwischen verschiedenen Szenen – so in den Einlagen mit dem Liebes- und Streitpaar, wo der Kater boshaft genug ist, die ‚poetischen‘ Tiraden der Werbungsszene mitten in der ‚prosaischen‘ Trennungsszene zu zitieren.

Die parodistischen Zitate aus der *Zauberflöte* gehören in den Kontext der Tieckschen Ausfälle gegen die opernhafte Hypertrophie der „Dekoration" im Schauspiel. Tieck ist sich wohl bewußt, daß er kein glaubhaftes positives Rezept – frei von Ironie – zur Verfügung hat, um sein „Publikum" ebenso rasch (wenn auch nur für einen Augenblick) zu besänftigen, und profitiert noch in der ironischen Verneinung von den Effekten des Parodierten. Nicht nur für das Märchen des „Dichters", auch für sein Gesamtstück gewinnt er Theaterreize, erhöhte Bühnenwirksamkeit aus dem Bildzauber des „Besänftigers" und seiner Theatermaschinerie, was ihn natürlich nicht hindert, die „Dekoration" dadurch lächerlich zu machen, daß er gerade ihr – und nur ihr – am Schluß den Beifall seines „Publikums" gewährt (das er am Schluß des Personenverzeichnisses unmittelbar hinter die „Affen" plaziert).

Auch politische Satire ist beteiligt, in den Anspielungen auf die Französische Revolution oder (in der ersten Wirtshausszene) auf die Kleinstaaterei, in der Gestaltung des launischen Königs, der nicht weiß, woher das Brot kommt,

von dessen „Zufällen" und dessen Speisezettel Wohl und
Wehe des Landes abhängt. Die Willkür und Bestechlichkeit
des „Gesetzes" wird in der Figur des „Popanz" verkörpert
(auf die sich Max Stirner in seinem individualanarchistischen
Hauptwerk *Der Einzige und sein Eigentum* 1845 ausdrücklich bezieht). Tieck hat in späteren Äußerungen die politische Satire rundweg verleugnet, die Personal-, Literatur-
und Publikumssatire des Stücks bagatellisiert, grundsätzlich
(in einem programmatischen Brief an Solger vom 6. Januar
1815) „das Unabsichtliche, Arglose, Leichtsinnige, ja Alberne" seiner satirisch aufgefaßten Schriften unterstrichen und
sich heftig gegen die ihm „vom frühesten Beginn an" verhaß-
ten „Satiriker" gewandt, „die die Geißel schwingen, Torhei-
ten und Laster durch Lachen und Schelten bessern wollen,
und was der hohlen Redensarten mehr sind . . . Schon sehr
früh schwebte mir die Ahndung vor, daß es Lust, Scherz,
Witz geben müsse, die nur um sich selbst da seien, und diese
medizinischen Anwendungen des Hellsten in uns erschienen
mir ekelhaft!"

Diese Worte stehen unter dem Einfluß der Lustspieltheo-
rie, die Friedrich Schlegel in seinem Aufsatz *Vom ästhetischen Werte der griechischen Komödie* (1794) entwickelt
hatte. Dort wird die „Verletzung" der „Täuschung" durch
Aristophanes verteidigt: Sie sei „nicht Ungeschicklichkeit,
sondern besonnener Mutwille, überschäumende Lebensfül-
le", die sich „auf einen geliebten Gegenstand, auf sich selbst,
ihr eigen Werk" zurückwende; „sie verletzt dann, um zu
reizen, ohne zu zerstören". Schlegel ist sich zwar bewußt,
daß der „Zusatz des Schlechten . . . itzt dem Komischen
notwendig ist", stellt aber das Ideal eines Lustspiels auf, in
dem „die Erbsünde der komischen Energie", die „notwendi-
ge Lust am Schlechten" durch „reine Lust", „reine Freude"
ersetzt und an die Stelle des „Komischen" das „Entzücken-
de" getreten sei.

Schlegels Gedanken entsprachen sicherlich innersten Ten-
denzen Tiecks. Doch ist der *Gestiefelte Kater* – wie wir
sahen – kein Lustspiel im Sinne jenes Ideals; es teilt mit ihm
die übermütige Rückwendung auf sich selbst, nicht aber den
Versuch, das Verlachen möglichst durch „reine Freude" zu
ersetzen (den z. B. Brentano und Eichendorff unterneh-

men). Im Unterschied zu Tiecks späteren Lustspielen (unter
denen der *Prinz Zerbino* „gewissermaßen", aber doch nur in
einem äußerlichen Sinn, „eine Fortsetzung des Gestiefelten
Katers" ist) erscheint das positiv „Romantische" in ihm noch
kaum konkret auf der Bühne, die Komik ist unablösbar an
konkrete Repräsentanten des für Tieck mehr oder weniger
„Schlechten" geknüpft (wie bei den Sturm- und Drang-
Komödien Lenz' und Klingers – etwa dem *Prinzen Seiden-
Wurm* –, deren gattungsgeschichtliche Impulse Tieck auf
eigene Weise weitervermittelt). Daher bestimmen wir den
Gestiefelten Kater unter historischem und gattungstheoreti-
schem Blickwinkel (mit einer Einschränkung, von der noch
zu sprechen sein wird) als eine Parodie vorromantischen
Theaters in einem vielfältig satirischen Lustspiel aus dem
Geist frühromantischer Kritik und in der romantischen Gestalt des „Spiels mit dem Spiele . . . wo der Leser am Schluß
grade eben so weit ist, als am Anfange", der „Zirkellinie, die
zu nichts, als zu sich selber zurück führt" *(Phantasus).*

Es gehört zu den Paradoxien seines Geschicks, daß Tieck,
gerade auch aus ehrlicher Feindschaft gegen eine heterono-
me, eine dienende und zweckhafte Literatur – das heißt
zugleich: gegen den Geist der Satire, wie er ihm in der
Aufklärungsliteratur begegnet war – selber zum Satiriker
geworden (und Satiriker bis ins Greisenalter geblieben) ist.
Tatsächlich entspricht die praktische Bejahung des Satirischen ebenso einem Grundzug seines zwiespältigen Wesens
wie seine programmatische Verneinung – wenngleich einzu-
räumen ist, daß die oft verspielte Tiecksche Satire mit ihrer
vorwiegend literarischen Stoßrichtung nicht der schonungs-
los ‚strafenden Satire' zugehört (um Schillers Kategorien
anzuwenden), sondern eher der ‚scherzenden' Satire, daß sie
im allgemeinen den Gegner nicht direkt mit vernichtender
Schärfe trifft, sondern ihn vor einem belustigten Publikum
bloßstellt – auf die Zeitgenossen bezogen: vor den Sympa-
thisanten der frühromantischen Sezession und ästhetischen
Opposition.

Die angedeutete modifizierende Einschränkung unserer
Klassifikation ergibt sich daraus, daß das Märchenspiel auf
der Bühne der Erwachsenen für das vorromantische Theater
nicht typisch ist, wiewohl Tieck in der Behandlung des

Stoffs den Zeitgeschmack in Sprache und Motivierung berücksichtigt hat (und durch die Übertragung auf das Märchen ins Komische zieht). Ein gewohntes gängiges Stück – im Einklang mit dem Publikumsgeschmack – oder ein ernstzunehmendes Stück im Stück hätten sich jedoch der Lustspielidee und der satirischen Zielrichtung Tiecks schlechter oder gar nicht gefügt. Das Märchen aber erlaubt den Verzicht auf ‚Wahrscheinlichkeit‘, auf psychologisch plausible Motivation; es provoziert und aktiviert, ungewohnt und atypisch wie es ist, das verwunderte „Publikum" von vornherein und bringt damit das Wechselspiel zwischen Bühne und Parterre, Bühne und Galerie in Gang, in dem sich Elemente zeitbezogener und zeitloser Theaterparodie verbinden. Die Publikumssatire und das Spiel mit der Illusion sind insofern miteinander vermittelt.

Die Grenze der beschriebenen Lustspielidee liegt in der Gewichtlosigkeit des bloßen „Spiels mit dem Spiele". Da alle Figuren (ob „Maschinist" und „Lampenputzer", „Schauspieler" oder „Publikum") nur in ihrer Theaterfunktion existent sind und alles andere an ihnen ausgeblendet bleibt, da die Illusionsthematik hier nicht über das Theater hinausweist und das Theater so nur sich selber repräsentiert, geht es für die Beteiligten lediglich um den Erfolg einer Komödien-Aufführung, um bloßes „Theater"; und das Stück ist so in der Tat nichts anderes als „eine luftige Komposition, die ganz Schaum und leichter Scherz ist" *(Phantasus)*. Der Stoff schließt Probleme und Problemlösungen nicht aus, die jenseits der Kunstsphäre liegen. Man darf im *Gestiefelten Kater* ein frühes literarisches Dokument der Entfremdung von bürgerlichem Dichter und bürgerlichem Publikum sehen. Tiecks „Publikum" (in dem der Adel fehlt) ist in seiner Totalität so banausisch, daß Dichtung bei ihm keine Chance hat, und mit den Banausen wird der „Dichter" verlacht, der sich – freilich ohne wirkliches Gelingen – bei ihnen anzubiedern versucht. Die Problematik einer solchen Konstellation wird jedoch nur auf vergnügt-vergnügliche Weise berührt und auch dadurch entschärft, daß Tieck keinen festen Standort im Stück bezieht, sondern ihn von Punkt zu Punkt wechselt, punktuell den „Dichter" oder das „Publikum" (oder Hanswurst, König usw.) für sich sprechen läßt.

In der neueren Tieck-Forschung, die sich intensiv mit dem *Gestiefelten Kater* befaßt, hat man diese Kritik zum Vorwurf der politischen „Affirmation" zugespitzt; Tieck sei „selber in der Denkweise des unpolitischen Kleinbürgertums befangen".[4] Die gleiche Interpretationsrichtung konzediert Tieck aber einen (literatur-)„revolutionären" Standpunkt und sieht diesen gerade in der Standpunktlosigkeit: im Ja zu einer ästhetischen Autonomie, die sich jedem speziellen „Anliegen" verweigert, im ästhetischen Nein zu jeder Erstarrung und Fixierung. Die ‚unbedingte' romantische Satire à la Tieck könne sich nicht wie die ‚bedingte' Aufklärungssatire auf die Kritik spezieller Mißstände einschränken. Da das „große Publikum" selber Gegenstand jener Satire sei, da Tieck „also keine Öffentlichkeit kennt, mit der er sich ins Benehmen setzen könnte, kann er mit seiner Satire nur alles oder nichts wollen – ‚alles', das heißt: die Versöhnung von Poesie und Leben, die nur in einer völligen Umwälzung und Erneuerung zu erreichen wäre; oder ‚nichts', das heißt: die Selbstbewahrung der Innerlichkeit in der nichtigen Gegenwart".[5] Diese Interpretation macht zwar Verbindungslinien zu bestimmten ‚Avantgarde'-Traditionen (mit verwandter Problematik) noch des 20. Jahrhunderts sichtbar, steht jedoch im Widerspruch zur Hoffnung Tiecks, sein Stück wirkungsvoll auf die zeitgenössische Bühne bringen zu können, d. h. zur Hoffnung auf ein Publikum, das seine ästhetische Normen in Frage stellt und sich an der eigenen Karikatur zu ergötzen vermag.

Diese Hoffnung trog zwar; aber das soll nicht heißen, *Der gestiefelte Kater* sei überhaupt für die Bühne ungeeignet[6] (wie man oft genug behauptet hat), so verständlich es ist,

4. Vgl. Ribbat (1978) S. 192 f.; Brummack, S. 68.

5. Brummack, S. 69; vgl. auch Ribbat (1978) S. 193; Frank, S. 300–362, passim. Den Zusammenhang Tiecks und des *Gestiefelten Katers* mit Avantgarde-Traditionen betont auch Thalmann: „Tieck war mit seinen Komödien Partisan einer literarischen Kommune von Neutönern, die mit Ironie und Zeichensprache den Schmalspur-Pöbel provoziert hat. [...] Er hat in den Literaturkomödien dargestellt, was noch nie Bühnenstoff war: den Aufstand einer Elite gegen die Diktatur eines Massenerfolgs" (Thalmann, 1974, S. 61).

6. Zur Interpretation als „Lesedrama" vgl. zuletzt – mit neuer Begründung – Pestalozzi (1977), der aus der Entfremdungssituation des Dichters das Scheitern der theatralischen Kommunikation ableitet. „Der vereinzelte Dichter erreicht

daß zu Tiecks Zeit nur die Buchausgaben Erfolg hatten. Sie fanden Resonanz auch bei bedeutenden Geistern. „Unser würdiger gestiefelter Kater" wird sogar von Schiller freundlich zitiert. Unter den Romantikern gewann er sich die besondere Gunst Solgers, der „die alberne Gegenwart durch das Märchen veredelt und die Satire zur reinsten Ironie erhoben" sah, und August Wilhelm Schlegels, der den Realismus konstatierte, mit dem die ganze Bühnenwelt der Zeit „auf den Schauplatz gezogen" wurde. Auch Friedrich Schlegel hatte seine Freude daran, wie der Kater „gleichsam auf dem Dache der dramatischen Kunst herumspaziert". Eichendorff rühmte die Ironie, weil sie „die poetische Seele des Ganzen wird, wo alles Ordinäre der Welt unbewußt sich selbst vernichtet . . . durch die unauslösliche Lächerlichkeit seines eignen Pathos". Wirkungsgeschichtlich betrachtet, sehen wir die mancherlei Kater des 19. Jahrhunderts – wie Hoffmanns Kater Murr oder Scheffels Hidigeigei – ihrem räsonierenden Vorgänger mehr oder weniger verpflichtet; desgleichen setzen zahlreiche Dramen (vor allem Literatur- und Theatersatiren) der Folgezeit Tiecks Komödie voraus, Brentanos *Gustav Wasa* wie Grabbes *Scherz, Satire, Ironie und tiefere Bedeutung* oder Platens *Romantischer Ödipus*. Die Uraufführung aber fand erst 1844 statt (in Berlin auf Veranlassung Friedrich Wilhelms IV.); das Stück mußte nach drei Wiederholungen abgesetzt werden, denn „das anschauende Publikum zeigte sich [nach Tieck] so, wie es . . . in der Posse geschildert worden". In unserem Jahrhundert aber kam der *Gestiefelte Kater* doch noch zum Bühnenerfolg (wohl erstmals durch eine Inszenierung Jürgen Fehlings, 1921, bemerkenswerterweise im Erscheinungsjahr von Pirandellos *Sechs Personen suchen einen Autor*, dem berühmtesten neueren Stück, das die Bühne auf die Bühne bringt). Im deutschen Illusionstheater des späten 18. oder des 19. Jahrhunderts vermochte er keinen Platz zu

nur einzelne [. . .]. Tiecks Komödie ist damit nicht nur eine über, sondern auch eine gegen das Theater. Ihre Bühne ist das Buch, ihr Publikum der einsame Leser" (S. 126). – Zur Gegenposition vgl. z. B. Thalmann (1964): »Diese Komödien brauchen [. . .] die Zwischenspiele mit Ballett und Tanz, mit Tieren und Mohren und der Arie als Spiegel der Affekte. Sie machen für eine Weile das Wort überflüssig und überlassen dem Mimus die Bühne« (S. 350).

finden; heute, im Zeitalter des antiillusionistischen Theaters, wirkt er wiederum ‚modern‘, kann er seiner Form nach auf der Bühne reüssieren, sofern man nicht die zeitverhafteten Züge seiner Satire der Wirkung in den Weg treten läßt.[7]

Mit dem *Eckbert*, dem *Blaubart*, dem *Kater* begann die produktivste und erfüllteste Zeit im Leben Tiecks, der ins Zentrum der romantischen Bewegung trat, mit den Brüdern Schlegel vertrauten Umgang hatte und mit Novalis Freundschaft schloß. Es ist hier nicht der Ort, diese und die späteren Entwicklungen seines Lebens oder seine zahlreichen weiteren Werke zu betrachten. Begnügen wir uns zu notieren, daß auch Phasen der schweren Krankheit, der Depression, der schöpferischen Lähmung niemals die leidenschaftliche, expansive und immer tätige Anteilnahme des Erz-‚Literaten‘ Tieck an alter und neuer Dichtung zu zerstören vermochten. Er lebte lange Jahre mit seiner Familie auf dem Gut Ziebingen in der Neumark, wo er in der Gräfin Henriette von Finckenstein eine treue Freundin fand, von 1819 an in Dresden, wo er, 1825 Dramaturg geworden, an seinen weit berühmten Vorlesungsabenden einen glänzenden Kreis um sich versammelte, zuletzt, von 1842 an, in Berlin. Mit den Novellen seiner Spätzeit tritt er in eine Schaffensphase ein, die schon über die Romantik hinausführt und historische Bedeutung für die Entwicklung einer realistischen Erzählliteratur (bis hin zu Fontane) erlangt. Nicht abzuschätzen sind die Wirkungen, die sein selbstloses Bemühen um die großen Engländer und Spanier ausgelöst hat, die Dichter des Minnesangs, der Volksbücher, des älteren deutschen Theaters, um Schnabel, Lenz und den Maler Müller, die Freunde Wackenroder, Novalis und Solger, um Heinrich von Kleist, dessen *Prinzen von Homburg* er für uns gerettet, dessen nachgelassenes Werk er 1821, dessen gesammelte Schriften er 1826 als erster ediert hat.

7. Bezeichnenderweise sind in den letzten Jahrzehnten mehrere erfolgreich aktualisierende Bearbeitungen – von Tankred Dorst (erschienen 1963, auch Vorlage einer Oper von Günther Bialas) und studentischen Theatergruppen (so Erlangen, Kiel, Münster) – entstanden. Aber auch die Originalfassung gelangt auf die heutige Bühne.